Chamanisme, rapport aux ancêtres et intégration transgénérationnelle

COLLECTION PSYCHOGÉNÉTIQUE

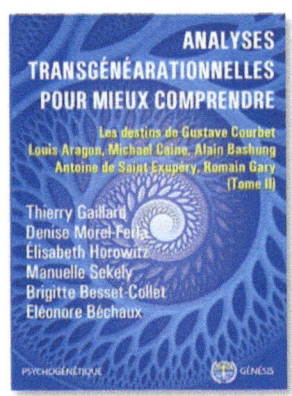

AUTRES OUVRAGES PARUS CHEZ GÉNÉSIS ÉDITIONS

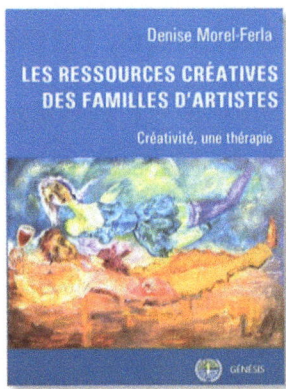
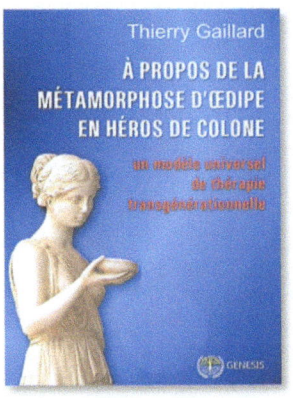

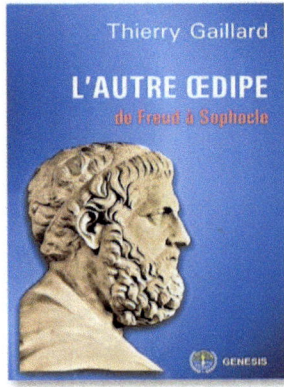
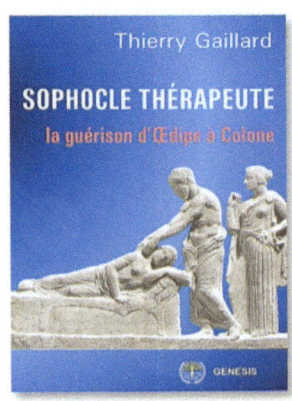

WWW.GENESIS-EDITIONS.COM

Chamanisme, rapport aux ancêtres et intégration transgénérationnelle

Pratiques contemporaines et sagesses universelles

COLLECTION PSYCHOGÉNÉTIQUE

GENESIS EDITIONS

GENESIS Editions
18, rue De-Candolle, 1205 Genève, Suisse
www.genesis-editions.com
Impression Bod, Books on Demand, Norderstedt, Allemagne
Distribution francophone : SODIS
Distribution pour la Suisse : BUCHZENTRUM
2020 Deuxième édition modifiée
(2016 Première édition chez Ecodition)
© 2020, Le visible et l'invisible SARL. Tous droits réservés.
ISBN : 978-2-940540-18-1

Sommaire

	Préambule et remerciements	6
	Introduction, par Thierry Gaillard.	7
I.	La psychanalyse transgénérationnelle et le chamanisme pour guérir des fantômes, par Pierre Ramaut	15
II.	Se séparer des morts, construire l'ancêtre, par Olivier Douville	37
III.	Dix rituels primitifs pour guérir l'arbre généalogique, par Élisabeth Horowitz	55
IV.	Les histoires qui n'en finissent pas : Guérir les traumatismes transgénérationnels collectifs, par Myron Eshowsky	79
V.	Les portes chamaniques : Arbre de famille et guérison transgénérationnelle par Iona Miller	103
VI.	Sophocle, psycho-chamane d'avant-garde, par Thierry Gaillard	125
VII.	Transmission et psycho-chamanisme, Interview de C. Michael Smith	155

Préambule et remerciements

Les co-auteurs de cet ouvrage collectif expriment leurs propres perspectives, indépendamment du travail de l'éditeur. Si certains textes ont été discutés avant d'aboutir à la version publiée, d'autres sont ici reproduits strictement dans leurs formes premières, selon les vœux de leurs auteurs.

Mes sincères remerciements vont à toutes celles et ceux qui ont rendu la réalisation de ce nouveau projet d'ouvrage collectif possible, et d'abord aux co-auteurs qui ont donné à ce projet son sens et son contenu. Leurs contributions sont la preuve qu'il reste de la place pour des projets innovants, multidisciplinaires, pas forcément politiquement corrects, c'est-à-dire indépendants de toute idéologie.

Pour leur aide précieuse, je tiens également à remercier toutes les personnes qui ont participé à la transcription, aux traductions ou encore aux relectures ; Emmanuelle Auber Oriol, Anne-Claude Barboni, Nicholas Brabhan, Laura Burkett, Dea Butcher, Lindi Dick, Sylvie Domange, Elodie Duployer, Michele Le Clech, Laetitia Merli, William Metzgar, Monasse Frédérique, Eva Morales, Caroline Rayo-Chabloz, Jennifer Worthen.

Thierry Gaillard

Introduction

Thierry Gaillard

Les Anciens et les cultures traditionnelles accordaient beaucoup d'importance aux liens entre les générations et aux rapports aux ancêtres. Ces échanges reliaient la collectivité à ses racines et à ses origines - symboliques et mythologiques. Lorsqu'ils étaient harmonieux, ces liens garantissaient l'équilibre de la collectivité dans son ensemble ainsi que pour chacun de ses membres. Et lorsque ces liens se perdaient, les chamanes étaient sollicités pour les rétablir et guérir les symptômes que cette perte avait provoqués.

Le potentiel thérapeutique et l'importance des liens entre les générations et des liens aux ancêtres ont été redécouverts dans de nombreuses approches thérapeutiques contemporaines ; psychologie des profondeurs, psychanalyse transgénérationnelle, thérapie familiale, psychogénétique, épigénétique, etc. Aujourd'hui nous distinguons notamment les transmissions conscientes entre les générations, dites « intergénérationnelles », des transmissions inconscientes, dites « transgénérationnelles », lesquelles réclament une guérison ou un travail thérapeutique, c'est-à-dire une « intégration transgénérationnelle ».

Comme l'expliquent les auteurs de cet ouvrage collectif, les Anciens géraient de multiples manières ces transmissions, ou héritages transgénérationnels. Le culte des ancêtres, par exemple, entretenait la mémoire et la transparence des histoires de famille pour empêcher que des héritages inconscients ne viennent affecter (ou aliéner) les descendants. Martin Duffy explique que : « Dans les traditions chamaniques, la personne n'est pas seulement comprise en tant qu'individu, elle est connectée à un réseau social et reliée à sa lignée familiale. Dans cette perspective, la guérison ancestrale est très importante dans le chamanisme. La science est en train de découvrir cela dans le domaine de l'épigénétique, qui montre que nous héritons de caractéristiques physiques et beaucoup plus puisque même des générations plus tard, nous héritons des souvenirs de traumatismes qui peuvent se manifester dans nos vies actuelles. Dans le chamanisme nous retournons vers nos ancêtres pour découvrir la puissance de notre lignée. Nous guérissons des problèmes hérités, mais il importe aussi de découvrir le pouvoir que nous avons de nos ancêtres. Dans toutes les cultures chamaniques, la collaboration avec les ancêtres est extrêmement importante.[1] »

Le culte des ancêtres remonte loin dans le temps, avant même les religions. Il était très répandu en Asie, en Afrique, et même en Europe, et s'inscrivait dans un désir d'harmonie

---

[1] Martin Duffy (2015), « Ancient Wisdom, Modern Medicine », *Network Irland Magazin*, issue 93, Robinstown.

globale. Lorsque cette harmonie n'est pas respectée, le déséquilibre peut être néfaste pour l'homme comme pour le reste de la création. Ainsi, le totémisme de la tradition spirituelle africaine ne concerne-t-il pas seulement les hommes, mais aussi les autres créations, animales et végétales notamment.

Rien d'étonnant donc à ce que les anciennes coutumes aient divinisé leurs ancêtres, ou en aient promu certains au rang d'intercesseurs auprès des divinités, leur attribuant quelques fonctions particulières : favoriser la régénération biologique par leur intervention dans les naissances et une action sur la fertilité du sol ; garantir l'ordre moral et social ; protéger leurs descendants auxquels ils assurent paix, santé, bien-être et qu'ils avertissent par présage ou par oracle.

Bien plus que nous ne le sommes aujourd'hui, ces sociétés traditionnelles étaient conscientes de leurs origines et des histoires de vie de leurs ancêtres. Cette mémoire permettait aussi et surtout de reconnaître le passif hérité des aïeux afin d'éviter de répéter les mêmes erreurs, et d'en guérir. Les grands auteurs n'ont eu de cesse de nous rappeler l'importance du transgénérationnel, comme Gustave Flaubert, « bien des choses s'éclaireraient si nous connaissions notre généalogie ». Clarifier son arbre généalogique, les conflits restés ouverts, et les manques de transmission dans les générations qui nous ont précédés, c'est reprendre une fonction active d'intégration. À défaut d'être conscients de nos héritages transgénérationnels, profitables et/ou affligeants, c'est l'ensemble de nos liens à nos origines, à l'être et à la vie, qui risquent de s'étioler.

Par l'intermédiaire de ses ancêtres, en montrant de nombreuses manières, qu'il tient à eux (cérémonie d'anniversaire par exemple), chacun peut retrouver et entrer en contact avec ses propres racines. Les anciennes sagesses disent qu'il est important de cultiver l'enracinement et de le soigner lorsque cela est nécessaire. Comme nous le ferions pour un arbre. Approfondir ces liens aux ancêtres c'est donc se reconnecter avec les parties saines de nos racines, jusqu'aux origines mythologiques et spirituelles.

Dans un travail d'intégration transgénérationnel, ce qui compte c'est donc d'être actif vis-à-vis de ses racines, de les intégrer au lieu de subir passivement nos héritages transgénérationnels. Afin de ne pas être possédé par cet héritage inconscient, Goethe disait : « ce que tu as hérité de tes aïeux, acquiers-le pour le posséder ». Donner vie à ses ancêtres en soi devient alors une pratique pour soi-même. Une pratique qui, particulièrement dans le chamanisme, s'étend aux animaux, aux végétaux, aux minéraux, toujours dans le but de vivre en harmonie avec toute la création. Et finalement, c'est ce rapport amoureux au monde, comprenant les ancêtres, le ciel et la terre, les animaux, les végétaux et toute la vie qui anime le monde, qui constitue le rapport aux origines, sorte de garant d'une vie heureuse et prospère que toutes les traditions ont toujours eu à cœur de protéger.

Comme nous le verrons dans les prochains chapitres, ces idées se retrouvent de multiples manières dans les anciennes sagesses, dans certains rituels, et particulièrement dans les premières sociétés chamaniques. Elles sont aussi présentes dans d'anciens textes sacrés, notamment dans la Bible : Job (8.8) « Interroge ceux des générations passées, sois attentif à l'expérience de leurs pères. Car nous sommes d'hier, et nous ne savons rien. »

Gustav Glotz[2] explique qu'avant le « culte » de l'individualité que nous connaissons aujourd'hui, on considérait la personne, ou le sujet, par rapport à sa famille et non pas comme individu. Un même sang se transmettait de génération en génération, formant un seul et même être. Dans cette perspective, une personne qui aurait agi à l'encontre des dieux, ou des lois de la vie, même si elle n'en subissait pas personnellement les conséquences, exposait sa famille et sa descendance à devoir payer la dette morale et spirituelle qu'elle avait contractée.

Le culte de l'individualisation et du refoulement (au lieu d'une intégration psychologique) qui caractérise nos sociétés modernes montre ici ses faiblesses. Trop de secrets, de traumas non intégrés, d'événements et d'histoires non achevées, viennent se rejouer entre les générations et perturber les liens de filiations. À cause d'une accumulation d'héritages transgénérationnels aliénants, notre société a perdu le fil des histoires qui lient les générations entre elles. En comparaison avec la vie des Anciens, il semble que nous avons perdu le goût d'une filiation vivante, spirituelle, la sensation d'enracinement, d'être l'artisan d'une mise à jour de notre patrimoine.

Dans le contexte qui est le nôtre aujourd'hui (augmentation de la stérilité, dérèglement des forces naturelles, questionnements sur la parentalité, maladie d'Alzheimer, etc.), et puisque cela répond à des besoins thérapeutiques, ce n'est certes pas un hasard si les lois transgénérationnelles se rappellent à notre bon souvenir. Cet ouvrage collectif s'inscrit dans cette perspective de réappropriation, ou mise à

---

2 Gustav Glotz, (1931), *Histoires grecques*, PUF, Genève.

jour, des anciennes connaissances sur les phénomènes transgénérationnels pour un enrichissement mutuel des différentes cultures, traditionnelles et modernes.

Pierre Ramaut développera les rapports entre la psychanalyse transgénérationnelle et le chamanisme, en particulier autour de la question de la guérison des fantômes : « Comme la psychanalyse transgénérationnelle, le chamanisme prend en compte "la maladie des Ancêtres" et leurs fantômes. Ils sont ces morts "mal-morts", partis avec un secret encrypté, dans des circonstances tragiques, en ayant encore des comptes à régler, ou ceux dont on n'a pas accepté la disparition, ou encore ceux dont on n'a jamais retrouvé le corps rendant ainsi le processus de deuil impossible. »

Dans une lecture éclairante qui associe anthropologie, psychanalyse et chamanisme, Olivier Douville reviendra dans son article sur la question des ancêtres et des initiations.

En s'inspirant des méthodes ancestrales, Elisabeth Horowitz présentera une dizaine de rituels thérapeutiques pour guérir son arbre généalogique. Et, pour rester dans le champ des applications thérapeutique, Myron Eshowsky abordera la question des rituels de guérison des traumatismes transgénérationnels collectifs. Comme il l'explique : « Les histoires non cicatrisées du passé ancestral existent dans l'espace spirituel et sont considérées comme des facteurs engendrant la maladie et les conflits au sein de la communauté. Nous payons les dettes du passé. Si nous n'avons pas effacé l'ardoise, une loyauté invisible nous pousse à répéter un moment de joie ou de tristesse insupportable, une injustice ou une mort tragique. »

Pour sa part, Iona Miller nous invitera à traverser les portes et les seuils qui nous séparent du monde de nos ancêtres. Elle développera cette thématique, aussi bien sur le plan psychique et spirituel que matériel, en rappelant la fonction de certains monuments issus de la culture chamanique et druidique, des sculptures représentant des ouvertures (des vulves) dans le monde de la Terre-Mère, des Sheela-Na-Ghi, à la fois initiatiques et protectrices.

Dans mon article je reviendrai à la source du conflit qui oppose depuis plus de deux millénaires les cultures traditionnelles et modernes. Pour faire face aux profonds changements générés par la naissance de notre civilisation moderne, (à Athènes au Ve siècle avant J.-C.), Sophocle a dû réécrire l'ancien mythe d'Œdipe. Il nous laisse un modèle de guérison du conflit entre tradition et modernité qui rétablit l'harmonie entre les mondes. Un modèle qui fait la part belle à l'intégration des héritages transgénérationnels comme il le raconte à travers l'initiation d'Œdipe à la connaissance de soi, des dieux et de l'univers.

Enfin, cet ouvrage collectif se terminera par une interview de C. Michael Smith, où il sera question de transmission, de l'adaptation des anciennes traditions à la réalité du monde d'aujourd'hui et de la voie du cœur honorant la terre, le ciel et tout le vivant.

Pierre Ramaut est psychanalyste depuis plus de 22 ans et spécialisé en psychanalyse transgénérationnelle. Après une longue formation psychanalytique classique (séminaires de la Section Clinique de Lille et de Bruxelles, de l'Ecole de la Cause Freudienne et du champ freudien), Pierre Ramaut a approfondi ses compétences, notamment en analyse transgénérationnelle.

Fondateur de la SPRL Généasens qui est une communauté dont le but est d'enrichir un ensemble d'informations et d'outils en lien avec l'analyse transgénérationnelle. Il a aussi imaginé l'application *Commemoria* qui est destinée à la transmission des récits de vie. Par ailleurs, Pierre Ramaut anime et accompagne les cycles de voyages à thèmes « Marcher pour progresser » et « Découvertes en terres chamanes ».

Ses sites : www.geneasens.com, www.commemoria.com, www.waystobe.com et www.marcherpourprogresser.com

I

La psychanalyse transgénérationnelle et le chamanisme pour guérir des fantômes

Pierre Ramaut

Avec le chamanisme, nous pensons nous trouver bien loin à l'extérieur des frontières de la rationalité et des limites posées par une psychologie qui se revendique de l'université, des neurosciences, de la psychiatrie et de la psychanalyse « classique ». Pourtant, assez curieusement, loin de ces préoccupations académiques, les psychanalystes transgénérationnels et les chamans traditionnels poursuivent au moins un objectif thérapeutique commun, celui de débusquer les fantômes et de pouvoir nommer l'impensé généalogique de leurs patients ! Pour guérir une personne, soigner son arbre généalogique peut faire la différence, et les psychanalystes transgénérationnels le savent tout autant que les chamans.

La « psychologie classique » n'a actuellement aucun modèle pour rendre compte des phénomènes observés et décrits par les différents chercheurs sur le chamanisme. De ce fait, les praticiens qui se réclament des théories scientifiques de la psychologie se trouvent dans une zone d'inconfort conceptuel pour articuler ces deux champs que sont la psychanalyse transgénérationnelle et le chamanisme[1].

Il a donc fallu à la fois beaucoup d'intelligence, d'ouverture d'esprit, d'impertinence intellectuelle, d'audace et de courage (ou beaucoup de folie diront certains) au psychanalyste Didier Dumas[2] pour emprunter ce pont et postuler que les pratiques chamaniques traditionnelles pourraient devenir une ressource supplémentaire de la palette thérapeutique des cliniciens de l'analyse transgénérationnelle.

Psychogénéalogie ou psychanalyse transgénérationnelle ?

Le mot « psychogénéalogie » recouvre actuellement des pratiques tellement différentes (allant de la plus sérieuse à la plus excentrique) que, pour ma part, je préfère employer les termes « psychanalyse transgénérationnelle » que nous devons à Didier Dumas. Ceci a l'avantage de situer avec exactitude le domaine dans lequel s'exerce cette discipline, en l'occurrence le champ de l'inconscient.

Il est aussi important de préciser (car la confusion existe dans le grand public et même souvent dans les médias), que la transmission transgénérationnelle est une transmission

---

[1] Notons toutefois que parmi les pionniers de la psychologie, ou de la psychologie des profondeurs à l'époque (fin du 19e siècle), il existait une forte curiosité pour la parapsychologie, la télépathie, la médiumnité, avec des premières tentatives d'expérimentations scientifiques.
[2] Didier Dumas (1989), *Hantise et clinique de l'autre*, Aubier, Paris, et, *La Bible et ses fantômes*, Desclée de Brouwer (2001), Paris.

inconsciente entre les générations alors que la transmission intergénérationnelle est une transmission consciente entre les générations.

À l'instar de bien des cultures traditionnelles, la psychanalyse transgénérationnelle attire notre attention sur l'influence que peuvent avoir les traumatismes, les secrets, les tâches inachevées et les deuils non-faits de ses ancêtres sur un individu. Elle nous rappelle aussi que l'inconscient familial interfère avec l'inconscient individuel.

La psychanalyse transgénérationnelle s'enracine autant dans le champ d'une psychologie qui serait admissible aussi bien par le monde scientifique et rationnel, que dans le champ de l'art, de la mythologie, de l'intuition et des enseignements de certaines traditions spirituelles parmi lesquelles le chamanisme.

Aux nouvelles frontières de la psychologie, tenter d'expliquer, d'articuler et de mettre en évidence les éventuelles complémentarités qui relient ces disciplines exige de définir avec précision plusieurs concepts liés à chacune d'elle.

Les concepts en psychanalyse transgénérationnelle

Pour la psychanalyse transgénérationnelle l'inconscient n'est pas seulement déterminé par les événements de notre enfance, mais il se transmet de générations en générations, selon ses modalités propres. Nous naissons déjà « chargés » de contenus hérités qui nous arrivent de beaucoup plus loin et que l'on appelle des fantômes.

La crypte et le fantôme

Nous devons la première définition du « fantôme » à un couple de psychanalystes, Nicholas Abraham et Maria Torok, qui désignent avec le mot « fantôme » une formation de l'inconscient[3]. Celle-ci a pour particularité de n'avoir jamais été consciente et de se transmettre de l'inconscient d'un parent à l'inconscient d'un enfant au fil des générations.

L'origine du fantôme serait un événement resté secret, inavoué, non parlé, mis en conserve (dans une crypte psychique) et qui ensuite viendrait hanter un descendant à travers différents symptômes, des paroles (comme le ferait un ventriloque) et des actes bizarres.

Le fantôme est un impensé généalogique

Un enfant qui grandit au milieu de non-dits est paradoxalement confronté à des mots, des réactions et des attitudes des adultes tutélaires dont il ne comprend pas le sens, qui lui font penser qu'on lui cache quelque chose d'important mais qui est censuré. Cette injonction paradoxale va générer des manquements (des trous et des déliaisons) dans la construction psychique.

Pour le psychiatre et psychanalyste Serge Tisseron[4], le traumatisme vécu et caché par la première génération peut ricocher sur les générations suivantes. Le statut du premier

---

[3] Abraham et Torok, (1978), *L'Ecorce et le noyau*, Flammarion, Paris.
[4] Tisseron, S. (2011), *Les secrets de famille*, PUF, Paris, et (1995), *Le psychisme à l'épreuve des générations*, clinique du fantôme, Dunod, Paris.

événement qui était resté secret et qui s'est encrypté dans le psychisme va évoluer au fil de sa transmission à travers les générations. Le secret qui était indicible pour son porteur, est innommable à la seconde génération puis devient impensable à la troisième.

Dans le même ordre d'idées, le psychanalyste Didier Dumas parle du fantôme comme d'un « manque à parler », généralement issu d'un événement familial traumatique ayant impliqué le sexe (viol, inceste, enfants adultérins ….), la mort (suicide, crime, mort violente mal vécue…), puisque ces deux thèmes s'inscrivent, presque toujours, dans un « vide de langage », mais aussi des traumatismes collectifs (guerres, déportations…), et qui devient de ce fait (au fil de plusieurs générations) un « impensé généalogique ».

Cet impensé généalogique œuvre souterrainement, silencieusement et sournoisement dans l'inconscient, formant des objets psychiques innommables qui ont le pouvoir de se transmettre d'inconscient à inconscient dans les relations de filiation, jusqu'à ce qu'un descendant reprenne à sa charge le « mandat transgénérationnel ».

Le mandat transgénérationnel

Les Anciens chinois considéraient en effet qu'un « mandat transgénérationnel », découlant de la filiation aux ancêtres, pouvait être donné par le « Ciel », à l'un des ultimes descendants de la lignée. Ce dernier est « mandaté » pour reprendre à son compte l'inachevé (ou les inachevés) de l'arbre généalogique et pour intégrer, à travers son parcours de vie, l'impensé généalogique familial.

Les taoïstes contrairement à d'autres religions n'ont pas rejeté leurs racines chamaniques et pensent qu'il existe des liens entre l'ancestralité et ses effets sur la vie de l'individu.

Nous naissons avec un projet de vie, certes personnel, mais aussi lié à nos héritages. Un mandat transgénérationnel œuvre en nous, et nous met sur la voie de qui nous sommes.

Dans cette vision des choses, le travail sur l'arbre permet à l'héritier de remettre en chantier, ici et maintenant, ses différents mandats, de sentir ce qui peut le mettre authentiquement en résonance avec lui-même et l'incite à trouver son point d'insertion et d'action dans le monde pour y accomplir ce que le psychanalyste Jung a appelé « le processus d'individuation[5] ».

Prendre conscience du fantôme et le nommer

Le porteur d'un fantôme transgénérationnel est hanté par un contenu psychique hérité, un événement qu'un autre a vécu dans une génération antérieure. Il ne sait absolument rien en dire à cause d'une absence de parole et faute d'une transmission intergénérationnelle consciente sur cet événement inaugural.

Un des objectifs majeurs du patient dans le cadre d'une analyse transgénérationnelle sera donc de pouvoir nommer son fantôme ou ses fantômes, c'est-à-dire de les symboliser afin de pouvoir intégrer cet héritage psychique dans son histoire personnelle[6]. L'analyse transgénérationnelle invite donc le praticien à adopter une attitude dans laquelle il assume de chercher avec son client dans quelle direction

---

[5] Carl Gustav Jung (1990), *L'Âme et le soi, renaissance et individuation*, Albin Michel, Paris.
[6] Voir *Exemples d'intégration transgénérationnelle,* ouvrage collectif, 2014, Ecodition, Genève.

aller, pour trouver les informations manquantes. Cette attitude est exactement celles qu'adoptent les chamans traditionnels avec leurs patients.

Le génosociogramme

Le génosociogramme est un des outils de la psychanalyse transgénérationnelle. Il s'agit d'une sorte d'arbre généalogique « fantasmatique » complété des événements de vie importants et du contexte affectif qui permet au patient de prendre conscience des liens qui l'unissent et qui le lient à ses ascendants, à ses collatéraux, à leurs rôles et qui permet aussi de mettre en évidence les phénomènes de répétition : les accidents, les maladies, les deuils non résolus, les non-dits, les syndromes d'anniversaire (ou syndrome de répétition), les mythes familiaux, etc.

En un seul coup d'œil, le génosociogramme permet de relier et d'articuler un nombre important et complexe d'informations, performance que le cerveau gauche (analytique, séquentiel) est incapable de réaliser. Grâce au cerveau droit, le génosociogramme permet à son utilisateur de saisir et de conscientiser un ensemble de relations signifiantes, de façon imagée, globale et instantanée.

Les structures préverbales de l'esprit

La psychanalyse explore et analyse habituellement la dimension plus profonde et la plus inconsciente des structures mentales par les rêves car les structures préverbales de l'esprit sont essentiellement constituées d'images et de sensations.

Ces structures préverbales de l'esprit appelées aussi « l'originel », se manifestent dans le monde onirique des patients et dans d'autres manifestations psychiques comme la transe. Et c'est aussi dans cet originel de la construction de l'esprit humain que les voyages chamaniques s'effectuent.

Du stade fœtal jusqu'à la troisième année, et avant l'acquisition de la parole, l'activité mentale originaire est la seule à l'œuvre dans la psyché de l'enfant et c'est grâce à elle que l'enfant duplique inconsciemment le système de représentation de ses parents et qu'il se met à parler leur langue sans avoir besoin de l'apprendre.

Pour le psychanalyste Didier Dumas, la construction mentale de l'être humain n'est donc pas individuelle, comme l'a postulé Freud, mais transgénérationnelle, ce qui signifie qu'elle se constitue, à sa base, chez l'enfant de moins de trois ans, par la duplication inconsciente des structures mentales de ses parents. Comme celles-ci se sont construites en dupliquant les structures mentales des grands-parents, cela explique pourquoi les pathologies ancestrales que la psychanalyse transgénérationnelle appelle des fantômes peuvent se transmettre sur plusieurs générations.

Pendant cette période particulière, en deçà de trois ans, le bébé vit dans une psyché communautaire qui est celle de sa famille d'accueil et dans laquelle l'activité mentale originaire lui permet d'être tout à la fois lui-même et ceux qui le prennent en charge et de dupliquer les structures mentales de ses parents. Cette activité mentale originaire explique pourquoi des schizophrènes peuvent confondre leur corps avec celui d'un autre, ou que les paranoïaques attribuent leurs propres pensées à une autre personne.

Cette activé mentale ne disparaît pas totalement en grandissant, elle continue à œuvrer en sourdine à l'âge adulte. Elle se manifeste à travers certain nombre de phénomènes psychiques constitués d'images, et de sensations comme les rêves, la médiumnité, la transmission de pensée, la voyance, l'hypnose, la transe ou le voyage chamanique.

C'est aussi pour cela que la plupart des enfants psychotiques et autistes présentent souvent des facultés inhabituelles étudiées en parapsychologie, comme, par exemple, la voyance, la prémonition, la faculté de s'auto-anesthésier ou de sortir de leur corps et des dons semblables à ceux des grands mystiques ou ceux des chamans.

L'originalité de la psychanalyse transgénérationnelle est donc de se préoccuper de l'activité mentale originaire et d'attribuer une place inhabituelle et néanmoins centrale, non pas aux mots, mais bien aux images et aux sensations.

Les concepts du chamanisme

Les pratiques chamaniques traditionnelles rencontrent celles de la psychanalyse transgénérationnelle dans la mesure où la « transe » et le « voyage chamanique » sont des plongées dans ces strates de l'esprit qu'est l'univers des sensations et des images mentales.

Dans son ouvrage *Anthologie du chamanisme*, Shirley Nicholson et ses collègues[7] expliquent que le chamanisme dispose d'un savoir vaste et ancien qui offre la possibilité de travailler sur des registres mentaux négligés jusqu'ici par la psychanalyse, comme, par exemple, la communication d'inconscient à inconscient, la dimension collective, culturelle et sociale des structures mentales, le rapport à la mort et les questions sur la survie de l'esprit.

---

[7] Shirley Nicholson et coll. (1991), *Anthologie du chamanisme*, édition Le Mail, Aix-en-Provence.

La maladie et la clinique des ancêtres

Comme la psychanalyse transgénérationnelle, le chamanisme prend en compte « la maladie des Ancêtres » et leurs fantômes. Ils sont ces morts « mal-morts », partis avec un secret encrypté, dans des circonstances tragiques, en ayant encore des comptes à régler, ou ceux dont on n'a pas accepté la disparition, ou encore ceux dont on n'a jamais retrouvé le corps rendant ainsi le processus de deuil impossible.

Les chamans sont des hommes et des femmes qui changent volontairement leur état de conscience, pour communiquer dans un autre espace /temps avec les différentes forces de la nature et de l'univers, leur permettant de guérir les membres de leur tribu et d'améliorer la cohésion et la condition de leur groupe social. Ces expériences inhabituelles les rendent capables d'obtenir des informations thérapeutiques (souvenons-nous que cette capacité de rechercher des informations relatives à un « impensé généalogique », est essentielle pour comprendre le lien qui existe entre le chamanisme et la psychanalyse transgénérationnelle).

L'une des erreurs les plus fréquentes que l'on fait à propos du chamanisme est de le considérer comme un genre de comportement humain rare, exotique, voire dangereux : une anomalie archaïque, un vestige des origines secrètes de notre vie sacrée, alors que le chamanisme partage certaines particularités essentielles avec les traditions immémoriales qui jalonnent l'histoire, et qui sont apparues dans toutes les sociétés établies, la société occidentale y compris. Dans chaque culture nous trouvons des mythes qui rendent compte de rencontres entre des humains et des entités singulières, qu'on les appelle esprit, Dieu, déités, anges, démons, apparitions et aussi... fantômes.

Par définition, un chamane est quelqu'un qui travaille et collabore avec les « esprits », dans des états de conscience modifiés, afin d'accumuler des pouvoirs intérieurs, de trouver, pour son patient ou une communauté, des informations inaccessibles (impensé généalogique) et des solutions dans un but thérapeutique et/ou social.

La réalité des esprits ?

Pour Richard Nol, « Les esprits sont comme des forces transpersonnelles en mouvement que nous expérimentons en nous, ou à travers nous, mais qui ne sont pas uniquement animées par nous.[8] »

Les chamans sont en relation avec un royaume où les esprits apportent aide et sagesse, mais les esprits sont-ils des projections de l'inconscient du chaman, ou au contraire ont-ils une réalité objective ?

Dans toutes les cultures, on décrit les esprits comme étant des forces transpersonnelles qui animent ou traversent le chaman, mais qui échappent presque toujours à son contrôle. « Il y a des choses dans la psyché que je n'engendre pas, mais qui se produisent d'elles-mêmes et qui ont leur propre vie. » (C.G. Jung).

Ces forces (le plus souvent) personnifiées (animaux de pouvoir, ancêtres disparus, etc.) sont des entités autonomes possédant leur propre indépendance. À l'état de veille

---

8 S. Nicholson et al, (1991), *Anthologie du chamanisme*, édition Le Mail, Aix-en-Provence.

ordinaire, le chamane ne peut généralement pas les contacter ni les faire travailler, alors qu'en état de conscience chamanique (ECC), il peut les contacter et les voir distinctement.

Les chamans ne voient pas ces phénomènes ordinaires comme issus de leur mental, dans le sens où ils seraient perçus comme une projection de leur propre esprit. Le cerveau est plutôt utilisé pour avoir accès à une porte afin d'entrer dans une autre réalité existante indépendamment. L'univers chamanique dépasse de ce fait le simple « contenu » du cerveau humain. Pour de nombreux chamans, la partie cruciale de l'initiation consiste à entrer en contact avec les esprits adéquats, c'est-à-dire avec ceux qui deviendront les esprits protecteurs.

Le psychanalyste Carl Gustav Jung avait un esprit gardien, qu'il avait baptisé Philémon. Il lui apparaissait sous les traits d'un vieillard barbu ou d'un prophète, qui lui donnait des conseils essentiels. Philémon était à la fois l'initiateur de Jung, celui qui délivre des enseignements, le protecteur qui indique la bonne voie, et parfois aussi celui qui égare à dessein.

Esprits tutélaires, animaux de pouvoir et ancêtres

La transmission de la tradition culturelle et de certains conseils pratiques par les maîtres chamans représente un aspect indispensable de l'initiation. Cependant, on admet de manière presque universelle que le novice reçoit son savoir des esprits et que les plus grands enseignements sont dispensés par les guides spirituels. Le novice fait appel aux pouvoirs de l'esprit gardien (qu'il ait une forme humaine ou animale) rencontré dans ses visions initiatiques. Cet esprit l'introduit auprès des esprits « tutélaires » à qui il demande de l'aide lors des séances de guérison et de divination (recherche d'informations notamment sur les fantômes transgénérationnels). Ces esprits tutélaires sont jugés indispensables ; sans eux, le chamane ne peut rien entreprendre.

La structure de l'univers chamanique : les trois mondes.

Pour les cultures chamaniques, l'univers serait formé de trois niveaux cosmiques (le ciel, la terre et le monde inférieur) souvent appelé « monde du haut », « monde du milieu », « monde du bas », reliés entre eux par un axe central grâce auquel le chamane peut communiquer avec chacune des régions.

Carl Gustav Jung a comparé l'esprit humain à une vaste maison à étages, dont chacun contenait plusieurs potentialités. Il a montré que la plupart des gens de l'époque moderne ne vivent que sur un ou deux étages, oubliant le reste. « Avec cette maison merveilleuse, espacée d'étages que nous appelons l'esprit humain, il semble que nous devrions nous tourner vers les chamans pour qu'ils nous aident, avant qu'il ne soit trop tard, à retrouver ce que nous avons perdu au sujet de l'âme humaine. »

Dans l'apprentissage chamanique, par les rituels, les épreuves, l'ingestion de substances psychoactives, la prière, la méditation, le jeûne et les conseils des maîtres dans ce monde et dans l'autre, tous les étages de l'esprit sont explorés.

Ce qui peut sembler être de la folie pour quelqu'un d'extérieur est simplement pour le chamane une déambulation dans l'esprit multidimensionnel, y compris dans les structures originelles dans lesquelles les fantômes transgénérationnels se dupliquent de générations en générations.

Le chamane est un spécialiste de la communication rituelle

Le chamane est donc avant tout un personnage de liaison, un médiateur qui jette un pont entre les forces et les éléments des trois mondes de l'univers.

L'état de conscience chamanique correspond à l'état mystique où l'on entre en harmonie avec le « grand ordre unifié des choses » ; ainsi le chamane « évolue dans la structure de l'univers » et communique avec toute la nature, y compris avec les animaux, les esprits y compris les esprits des « défunts mal morts » que la psychanalyse transgénérationnelle appelle des fantômes. Cela confère au chamane la capacité de restaurer l'harmonie grâce à son intervention symbolique entre les dimensions de réalité ordinaire et non ordinaire,

L'état « ordinaire » de conscience ne serait qu'une illusion

Pour certains chamans, notre état de conscience ordinaire ne serait qu'une illusion, un « mensonge » et un événement significatif dans notre monde ne serait que le résultat d'événements cachés dans l'autre dimension. Dans cette logique, le rôle du chamane consiste à intervenir dans cette autre dimension pour obtenir un effet dans notre dimension illusoire, appelée « réalité consensuelle ».

Les états de conscience du chaman

Le chamane possède la faculté d'auto-orchestrer ses différents états de conscience qui lui permettent de servir de pont entre la réalité ordinaire et les plans transpersonnels. Il faut cependant distinguer ces états altérés de conscience (induit par le tambour, le chant, le jeûne, la régulation thermique, la privation sensorielle ou les substances psychédéliques), appelé état de conscience chamanique (ECC), des états altérés de conscience pathologiques étudiés en psychologie.

Quand le chamane opère une guérison dans l'état de conscience chamanique, il utilise des ressources mentales auxquelles les hommes du monde moderne n'ont plus accès, ou auxquelles ils ne s'intéressent pas à cause de leur dépendance vis-à-vis de la pensée consciente logique et rationnelle. Le rêve fait aussi partie intégrante du chamanisme. Les chamans appellent les esprits en rêve et reçoivent aussi leur pouvoir et les informations nécessaires à la guérison de leurs « patients » par ce canal.

Esprits gardiens et guides spirituels

L'esprit gardien, rencontré dans ces visions initiatiques, prend souvent la forme d'un « animal de pouvoir » et le novice y fait appel (qu'il ait une forme humaine ou animale) pour être protégé lorsqu'il entre dans des états altérés de conscience potentiellement dangereux (l'état de conscience chamanique « ECC ») et lorsqu'il voyage en transe dans le monde supérieur et inférieur.

Cet esprit l'introduit aussi auprès des esprits « tutélaires » à qui il peut demander de l'aide lors des séances de guérison et de divination. Ces esprits tutélaires sont indispensables au travail du chamane ; sans eux, le chamane ne peut rien entreprendre. Il arrive parfois que les guides spirituels soient des ancêtres. La voie pour devenir chamane est tortueuse et plus d'un appelé tergiverse à se charger de ce mandat inquiétant, car la voie chamanique exige à la fois de s'engager dans la désintégration et la dissolution totale de l'être, de pénétrer dans le chaos de la matière consciente, mais aussi d'accepter l'isolement social, la souffrance que peuvent constituer des pensées étrangères et le risque non négligeable d'une altération de la personnalité pouvant être assimilée par des observateurs non-initiés à la folie.

Défunts honorés ou non, bien ou mal morts

Dans le lien qui nous intéresse entre le chamanisme et le transgénérationnel, il est important de remarquer que l'objet de la psychanalyse transgénérationnelle est celui des « ancêtres mal-morts » qui sont devenus des « fantômes ». Pour être plus exact, on devrait plutôt dire des « défunts mal-morts » qui n'ont pu accéder au statut d'ancêtres favorables pour la descendance, car, comme l'écrit très bien Olivier Douville : « La mort ne saurait à elle seule transformer le défunt en ancêtre. Cette transformation dépend d'un passage ritualisé qui inscrit le défunt, de façon progressive, dans le monde des morts. »

Psychotiques ou chamans ?

On a souvent qualifié le chamane de « guérisseur blessé », de « fou à moitié guéri », « d'individu mal intégré ». Il est vrai que plusieurs d'entre eux sont passés par une terrible crise psychophysiologique avant d'avoir la vocation. L'expérience initiatique chamanique est très semblable (si ce n'est identique) à certains états de maladies mentales telles que la schizophrénie. Cependant il est tout à fait clair que le chamane n'a pas seulement été malade physiquement ou blessé psychiquement, mais qu'il a aussi été guéri d'une manière ou d'une autre ; qu'il (ou elle) est en réalité un « guérisseur guéri ». Cette guérison peut s'opérer parfois spontanément, comme c'est le cas pour certains schizophrènes qui ont fait apparemment l'expérience d'une véritable crise initiatique chamanique avec, à l'appui, des phénomènes du « monde intérieur et supérieur », et qui s'en sont sortis après une période de récupération. Le plus souvent cependant, dans les sociétés tribales, le futur chamane est aidé dans sa crise initiatique par toute une tradition de méthodes chamaniques, d'enseignements et de maîtres qui forment le néophyte. Cette tradition représente l'héritage de ceux qui ont déjà emprunté le même chemin, en ont jusqu'à certain point fait le graphique et ont appris à traiter avec les phénomènes susceptibles de s'y dérouler. Le chamane est également celui qui explore de lui-même les domaines de la maladie, de la décrépitude, de la souffrance mentale et de la mort. Il (ou elle) est profondément familiarisé avec la détresse humaine et la possibilité de transcender l'agonie. Ainsi, l'entrée personnelle du chamane dans le royaume de la souffrance constitue le point de départ de son action compatissante dans la société.

Le chamane s'adresse aux esprits dans un état altéré de conscience qu'il induit délibérément, un état qui n'occupe néanmoins qu'une partie de son temps puisqu'il se doit par ailleurs de continuer à assumer son rôle social. En revanche, le malade devient la victime des voix qu'il entend, qui se moquent de lui, le critiquent généralement sans pitié. Parfois, elles vont même jusqu'à le pousser au suicide. Une personne ayant des hallucinations et des visions, qui est déchirée et entraînée sans contrôle dans des profondeurs, peut facilement être taxée de schizophrène, tandis qu'un chamane a la faculté de se contrôler et peut établir un lien avec ses hallucinations sans sentir son esprit se déchirer. On pourrait s'attendre à ce que le chamane en transe perde complètement le contrôle de ses facultés de perception et soit submergé par la peur. Or, c'est précisément sa faculté d'acquérir « la sagesse de la folie » qui le distingue du schizophrène. Le voyage du chamane est donc assujetti à sa volonté.

Une question de culture

Comment se fait-il que certains individus viennent à bout de ces crises avec succès alors que d'autres non ? Pourquoi certaines personnes développent-elles des comportements paranoïdes et psychotiques ? Un des facteurs possibles est l'approbation socioculturelle de l'expérience de la crise. Le monde des esprits, les rêves et les visions du chamane peuvent paraître anormaux selon nos critères culturels alors que dans les cultures chamaniques, ils font tous partie de la réalité et dans la croyance commune d'un monde peuplé d'esprits capables d'investir les individus et de causer les maladies. Ainsi, le milieu culturel peut être soit une entrave, soit un support à la reformulation du voyage chamanique selon qu'il juge cette expérience indésirable et négative - évoquant donc la honte, l'anxiété et des sentiments d'aliénation - ou bien positive et opportune - ouvrant une voie culturellement reconnue à l'expérience. En d'autres mots une expérience identique vécue dans une culture comme la nôtre produira un psychotique. Alors que dans une culture chamanique, elle produira un chaman. Il y a peut-être de nombreux chamans qui hantent les couloirs des asiles, des claustrés qui, en d'autres circonstances et avec une initiation différente, auraient pu devenir des ressources pour d'autres et pour la société au lieu d'être de pauvres esprits mutilés.

Il y a un parallèle flagrant entre l'expérience initiatique chamanique et l'expérience - elle aussi initiatique - de la cure psychanalytique. Un psychanalyste n'est-il pas, lui aussi, quelqu'un qui a vécu une « descente aux enfers » qui l'a conduit à faire appel à un autre (psychanalyste) pour de l'aide et qui, à la sortie de sa cure psychanalytique, transformé par l'expérience analytique, décide à son tour d'occuper la place de l'analyste et de se mettre à l'écoute de ses congénères ?

Chamans et psychanalystes, une analogie ?

Tant qu'il n'aura pas été assimilé, le passé traumatique de nos ancêtres continuera à se projeter inconsciemment et à parasiter notre image du monde, jusqu'à influencer plus ou moins gravement notre rapport au réel. Plus le psychisme s'activera à maintenir refoulés certains événements, plus il sera réfractaire à toute possibilité de changer de regard sur ceux-ci et de se libérer des préjugés (familiaux ou personnels), ce qui nous amène tout naturellement à la question de l'intemporalité de la psyché.

Freud considérait que l'âme du rêveur parcourait une autre temporalité que celle du dormeur, pour rapporter de « son monde intérieur », en l'occurrence l'inconscient, des avertissements. Le voyage onirique freudien, qui dissocie le temps de rêveur de celui du dormeur, semble analogique au voyage du chamane en quête d'information et de solutions pour son patient dans une autre réalité spatio-temporelle.

La question de l'assimilation des traumatismes du passé est donc intimement liée à la question de la temporalité. Même après plusieurs générations, les héritiers des souffrances de leurs aïeux demeurent toujours fixés dans le temps où ces souffrances se sont produites. L'impact du traumatisme se situe donc dans un espace-temps non linéaire, car tant que nous avons à faire à « un passé qui n'est pas passé », les descendants restent captifs dans le temps des effets du traumatisme non parlé, non nommé et non entré dans l'histoire. Ce qui n'a pas été assimilé est toujours actuel, consciemment ou pas. Les lacunes d'intégration ne connaissent pas de limite temporelle, le temps n'agit pas véritablement sur ce qui est refoulé dans l'inconscient, perdure et se transmet de génération en génération. L'action du traumatisme ancestral se prolongera donc au fil des générations en entravant la croissance et l'évolution naturelles de la descendance, qui restera figée dans le temps de l'aïeul traumatisé tant qu'elle ne l'aura pas métabolisé, ici et maintenant.

Psychanalyste transgénérationnel et chamane : une même quête de « vision » mais avec des outils différents

Le psychanalyste transgénérationnel et le chamane sont engagés sur une voie similaire pour aider leurs patients à se réapproprier des parts psychiques inconscientes méconnues. Tous deux évoluent dans une temporalité multiple en quête d'une « vision » nouvelle et d'informations sur l'inachevé et l'impensé généalogique de leurs patients, mais chacun avec ses propres outils

Le psychanalyste transgénérationnel met l'individu en chasse de ses secrets de famille, de sa généalogie complète, et de son histoire familiale remise dans ses différents contextes pour aider son client à identifier sa ou ses « cryptes », et à nommer le ou les « fantôme(s) » à l'aide d'un génosociogramme. La méthode chamanique est identique dans toutes les sociétés chamaniques : il s'agit d'entrer dans le patient, de devenir le patient, puis de rétablir le sens de l'interrelation. Le travail du chamane s'accomplit dans le royaume de l'imaginaire, il opère la visualisation qui deviendra ensuite un instrument de la guérison en faisant l'expérience d'une réalité ultime qu'il restructure pour produire une transformation chez son patient.

Dans un état de conscience modifiée (l'état de conscience chamanique ECC), le chamane utilise des images curatives transpersonnelles, ce qui sous-entend que l'information est accessible de la conscience d'une personne à celle d'une autre. Cette imagerie transpersonnelle a un effet thérapeutique direct sur les patients par les images vivantes qu'elle fait naître et l'existence de canaux d'informations que l'on peut situer dans les strates originelles et préverbales de notre construction mentale comme l'a théorisé D. Dumas.

Conclusion

La psychanalyse a montré que les manifestations symptomatiques disparaissent lorsque le conflit d'origine, généralement inconscient, est réintégré. Appliquée aux phénomènes transgénérationnels, une même conception fait correspondre les symptômes à des mémoires ancestrales qui ont été clivées, déniées ou refoulées, pour se protéger face à la monstruosité et à l'indicible. L'aliénation réclame donc qu'un verbe, relatif aux vécus non assimilés des générations précédentes, soit rétabli. La simple mise en mots des manques d'intégration peut dénouer les conséquences néfastes des héritages transgénérationnels. Pour le psychanalyste transgénérationnel comme pour le chaman, le processus thérapeutique convoquera des instances inconscientes qui participeront aux processus d'intégration et à la transformation du symptôme en symbole.

Olivier Douville est psychologue clinicien, psychanalyste et anthropologue, conférencier international, membre de l'Association Française des Anthropologues et de l'Association rencontre Anthropologie /Psychanalyse sur les processus de socialisation (A.R.A.P.S.).

Maître de conférences en psychologie clinique à l'Université de Paris 10-Nanterre, membre du Centre de Recherche Psychanalyse, Médecine et Société de l'Université Paris 7, il est l'auteur et co-auteur de nombreux livres et articles.

Son site Internet :

https://sites.google.com/site/olivierdouvilleofficiel/

II

Se séparer des morts, construire l'ancêtre

Olivier Douville

Dans cet article[1] je développerai quelques points d'intérêt en anthropologie qui sont susceptibles d'inspirer les recherches dans le domaine du « transgénérationnel ». Ces points concernent d'une part le rapport aux ancêtres, et, d'autre part, cette fonction attribuée aux chamans de séparer les mondes, ceux des morts de ceux des vivants. Ces pratiques traditionnelles, anciennes et toujours actuelles, offrent des repères anthropologiques aux multiples développements qui aujourd'hui foisonnent autour du « transgénérationnel ».

Je commencerai par brièvement rappeler l'importance accordée aux ancêtres dans les sociétés traditionnelles avant d'aborder la thématique de l'initiation. Le lecteur comprendra ensuite mieux la tâche du chaman, accoucheur du

---

[1] Article forgé à partir de deux conférences intitulées, « Ancêtres et transmission », colloque de Chengdu, avril 2014, et « La "Folie" du chaman, une controverse », Journée de Ville-Evrard, juin 2014.

monde, garant d'un certain équilibre entre les différents mondes, chargé de restaurer la relation aux ancêtres pour bénéficier de leurs bienveillances. Cette fonction ne manque pas d'évoquer le travail sur l'arbre généalogique de certains thérapeutes contemporains. La question de la désaliénation du sujet, centrale dans le travail d'intégration transgénérationnelle[2], trouve dans les cultures chamaniques des parallèles instructifs.

Les rapports symboliques et imaginaires à nos ancêtres concernent généralement les personnes disparues et à la façon dont elles sont disparues (honorées ou non, bien ou mal morts). En cela le thème de l'ancêtre renvoie à une sorte de « dette de vie » qui circule entre les vivants et les morts. Sur ce point-là les anthropologues rejoignent les considérations des thérapeutes.

L'ancêtre et l'enfant

La mort ne saurait à elle seule transformer un défunt en ancêtre. Cette transformation dépend d'un passage ritualisé qui inscrit le défunt, de façon progressive, dans le monde des morts. Pour certaines sociétés, des anthropologues comme Robert Hertz, parlent de doubles obsèques. Les premières sont consacrées au traitement du cadavre. Pendant cette période, l'esprit des morts, parce qu'il est ambivalent, peut être dangereux. Les secondes guérissent cet esprit du mort de son appétit de destruction et de la manie qu'il a de perturber le cours ordinaire de l'existence des vivants.

---

2 Thierry Gaillard (2020), *Intégrer ses héritages transgénérationnels*, Génésis éditions (6ème édition), Genève.

Ces doubles obsèques peuvent ainsi transformer le disparu en ancêtre, lequel devient alors un être nommé auquel on s'adresse de façon ritualisée pour célébrer ainsi les lignées et les filiations. Ce monde ancestral est classiquement composé de deux fractions : les ancêtres directs qui sont souvent de faible profondeur généalogique (4°, 5° ou 6° génération d'avant l'adulte vivant qui se réfère à eux) et les ancêtres mythiques, ces figures transcendantes situées à la jonction du mythe et de l'histoire, ou encore ces entités totémiques dont Freud a tenté de situer la place qu'elles prenaient dans le fonctionnement inconscient.

Les sociétés à archives et à « autel des ancêtres » peuvent abriter des pièces d'archives (siège rituel en Afrique de l'Ouest, autel des ancêtres en Chine et au Viêt-Nam) qui empilent des tablettes ou des traits gravés s'étageant sur un nombre très important de génération (jusqu'à 25 parfois).

Dans un monde traditionnel encore vivant dans ses équilibres, on observera souvent que les dettes aux ancêtres se répartissent autrement pour les vivants selon l'ancestralité à laquelle ils ont affaire. Alors que les ancêtres lointains sont les garants des normes et des idéaux, c'est au nom des ancêtres proches que se font les arrangements autour des petites dettes, les discussions autour des transmissions de biens et de privilèges. Bref, on honore les premiers et on négocie avec les seconds. Le langage avec les ancêtres du lointain, ces figures ultimes de l'autorité, est très codé, notamment autour des sacrifices très ritualisés. En revanche, on discute davantage entre vivants pour établir ce qui est dû aux ancêtres proches, et comment on peut se concilier leur bienveillance. Dans son analyse de celui qu'il désigne comme un « être pour la dette », Marcel Mauss précise qu'il y a toujours des moments de déséquilibre dans les combinatoires des alliances et des dettes.

Le thème de l'ancêtre est intéressant car il permet de situer ce qui se joue lorsque ces rapports à l'ancestralité sont mis à mal, ou perdus. Des lacunes qui transparaissent aujourd'hui dans les analyses transgénérationnelles, par exemple autour des secrets de familles et autres difficultés de transmission dans les filiations, sources d'aliénations plus ou moins importantes.

En anthropologie, la question de l'enfant-ancêtre est représentative de cette problématique dans la filiation. Sa « réparation » réclame que soit restaurée la filiation symbolique, garante d'une différenciation des personnes. De quoi s'agit-il ? L'enfant doit être façonné par un rituel pour, le cas échéant, guérir de cette maladie que redoutent ces sociétés africaines dites traditionnelles. Cette maladie qui touche certains enfants serait due à une condensation entre le corps de l'enfant et l'esprit de l'ancêtre. Si elle n'était pas soignée, l'analyse transgénérationnelle reconnaîtrait ici un processus classique d'aliénation, par exemple celui d'une « parentalisation » de l'enfant. Il importe donc de définir correctement le rapport à l'enfant juste venu au monde du rapport au monde des ancêtres. Une purgation sera par exemple opérée au moyen de l'enterrement du placenta, chose que les familles africaines réclament encore beaucoup dans nos maternités.

À la question que pose l'observateur extérieur « pourquoi enterrez-vous le placenta ? » les réponses peuvent varier. Ainsi certains vous diront que l'enterrement du placenta c'est important parce que ce n'est pas bon, c'est sale ce bout de chair, il faut l'enterrer. Pourtant ces esprits hygiénistes ne passent pas leur temps à enterrer tout ce qui n'est pas bon et tout ce qui est sale. C'est une explication un peu courte quand même. D'autres vous diront qu'il faut enterrer le placenta parce que le placenta est le double de l'enfant. C'est le double de l'enfant, oui, c'est vrai[3].

Ce rituel de l'enterrement du placenta est un exemple de ce que les anthropologues peuvent apporter aux pratiques thérapeutiques contemporaines concernent les stratégies de désaliénation transgénérationnelle, permettant à l'enfant d'exister en tant que lui-même.

En prolongement de ces questions de différenciation de ce qui appartient au monde des ancêtres et ce qui relève de l'humain mortel, le travail du chamane est ici particulièrement concerné. Un travail qui, dans ce qu'il contribue au bon équilibre des personnes et des communautés, devrait pouvoir inspirer le travail autour du « transgénérationnel ». Hautement significatifs, certains aspects liés aux pratiques chamaniques méritent quelques développements.

Le chamane à la frontière entre les mondes

Le chamanisme est une pratique réservée à des sujets qui peuvent être guérisseurs, mais qui ne le sont pas toujours puisque ce n'est pas nécessaire. L'essentiel de leur fonction consiste à intervenir comme médiateur entre les humains et les esprits de la nature, ou parfois les disparus. Originairement, les chamans dont la pratique est connue par les

---

[3] Les premiers conquérants du Cambodge racontaient par exemple que lorsqu'ils étaient reçus par les souverains locaux, ils voyaient posée juste à côté du trône une chaise surchargée d'ornements et de pierreries sur laquelle était posée une noix de coco laquée renfermant le placenta du monarque.

Occidentaux dès le XVIIIᵉ siècle appartiennent à un peuple du nord de la Sibérie et qui a pour nom les Toungouses. Ceux-ci désignent en les nommant *chamane* leurs « spécialistes » religieux, souvent prêtres, sorciers, magiciens et devins. Cette élection peut être vécue comme un fléau, quelque chose que le futur chamane ne saurait refuser et qu'il accepte après toute une série de crises typiques qui valent pour une initiation décisive : incapacité d'absorber de la nourriture, longues errances sylvestres, transes, vécu crépusculaire. Parties de la Sibérie, les pratiques chamaniques se sont étendues selon les grandes lignes de migration de ces peuples et ont traversé le détroit de Behring pour s'étendre jusqu'en Australie.

Le point de départ des recherches anthropologique concerne les relations entre le chamane et les esprits, entre le chamane et la communauté des vivants. Ces recherches nous font rencontrer un personnage étonnant. Sans identification fixe, pas nécessairement décidé de côté homme ou femme, il n'est pas non plus toujours bien décidé quant à son statut d'être mort, fantôme ou vivant. Le chamane peut tout à fait se présenter comme celui par qui les morts font retour. Il peut donc présenter une confusion des identités, en tous les cas du point de vue d'un Occidental conditionné par sa culture patriarcale.

Les travaux de Saladin d'Anglure[4] en rendent compte, tout comme ceux de Jung et de Mircea Eliade. Les premiers

---

4 Bernard Saladin d'Anglure, anthropologue (diplômé de l'Université de Montréal en 1964, docteur en ethnologie de l'École pratique des hautes études de Paris en 1971). Il a effectué plusieurs voyages de recherche au Canada et a travaillé

psychanalystes partis sur le terrain, Rivers[5] et Roheim[6] se sont notamment passionnés pour la thématique du rêve extatique dans le chamanisme. Les études se multipliant, le terme de chamane est alors étendu, d'abord aux Amérindiens du Canada en particulier la région Québec, les Algonquins (Jacques Leroux[7]), aux Iroquois et aux hommes-médecine, pour dévaler le continent américain jusqu'en Amérique du Sud.

Le rêve, voie royale initiatique ?

La question du rêve et du voyage chamanique est un point commun autour duquel s'articulent différentes traditions chamaniques. Du reste, il est sans doute abusif de parler de chamanisme pour des peuples ou des cultures qui ne donnent pas au rêve une place prépondérante dans l'initiation des adolescents.

---

comme assistant auprès du célèbre anthropologue Claude Lévi-Strauss.
5 Williams Halse Rivers, psychologue, psychanalyste et anthropologue fut l'un des tout premiers ethnologues à s'intéresser aux travaux de Freud,
6 Géza Róheim est un ethnologue et psychanalyste américain d'origine hongroise, né en 1891 à Budapest et décédé en 1953 à New York. Après une formation classique, il poursuit à Leipzig, puis à Berlin, des études d'anthropologie et obtient un doctorat de philosophie. Il étudie les premiers grands travaux des psychanalystes, Freud, Sandor Ferenczi, Karl Abraham, Otto Rank.
7 Jacques Leroux, anthropologue, a vécu deux ans parmi les Algonquins. Il contribue à l'élaboration d'une anthropologie clinique spécifiquement orientée vers les populations autochtones du Canada.

Grâce à mon ami Jacques Leroux, j'ai pu vivre un moment en pays algonquin. En sa compagnie, j'ai discuté avec quelques vieilles personnes, des vieux de ce village, qui n'ont pas notre sens acharné, égoïste, méticuleux de la propriété. On se passe assez aisément les maisons, les biens, etc. Mais comme le soulignait avec juste raison Maurice Godelier[8], on ne saurait rien comprendre au système général de l'échange ou du don, si l'on ignore l'objet que l'on ne peut pas échanger, que l'on ne peut pas donner. Cet objet de valeur inestimable, inéchangeable, non négociable, n'ayant pas de valeur d'échange, ni même de valeur d'usage, vaut comme le point de fuite et d'organisation de tous les échanges, de toutes les tractations. Les négociations se font sous l'ombre, sous la protection de ce qui ne saurait se négocier.

Cet objet, voilà ce que m'ont dit mes amis Algonquins, c'est une gibecière. Qu'est-ce que c'est que cette gibecière ? C'est l'objet qui leur est donné à leur initiation. Pour en comprendre l'importance, il faut comprendre de quelle initiation il s'agit. Au sortir de l'enfance, le jeune passe par un isolement nécessaire pour le faire sortir d'une fusion avec ses premiers partenaires, et aussi de tout ce qui serait un penchant morbide pour la solitude ou l'autofondation.

L'initiation[9] c'est une expérience solitaire, à plusieurs. L'initiation c'est le collectif au singulier. Le jeune va donc

---

[8] Maître-assistant de Claude Lévi-Strauss, alors titulaire de la chaire d'anthropologie au Collège de France. En 1975, il est nommé directeur d'études à l'École des Hautes Études en Sciences Sociales et, en 1995, il crée à Marseille le CREDO (Centre de Recherche et Documentation sur l'Océanie).
[9] L'initiation n'est pas réservée aux seuls garçons, comme en témoigne la littérature africaniste, que ce soit par Robert

être isolé dans la forêt. On ne lui apporte aucune nourriture, il doit se débrouiller, il lui est quand même recommandé de jeûner le plus possible. Et puis, par ses pairs, le jour où il fera un rêve important, il sera initié (il ne subit donc pas ces épreuves qui ont défrayé la chronique en Afrique et en Amérique du Sud). Dans son rêve, tout d'un coup, sont venus vers lui des êtres intermédiaires, qui se saisissent de lui, l'emmènent, l'emportent dans un monde qui n'est ni céleste ni terrestre. Dans ce ravissement - où l'angoisse donne encore ses coups d'alarme-, s'ouvre à lui un monde. Un monde qui le transporte, le déplace et, à nouveau, le façonne. Ce jeune, plus vieux que le monde, plus tendre que n'importe quelle jeune pousse est présenté au soleil, à la lune, aux étoiles, aux animaux importants, l'aigle ou le saumon, parfois les deux. Et ce qui est dit dans la sagesse algonquine à la fois se souvenant et inventant ses mythes sur l'écran magique des cérémonials, c'est que quand il a fait ce rêve, l'enfant le fera savoir aux autorités tutélaires du village qui viennent vers lui, avec les vieux du village et ses parents aussi. Ils lui demandent « est-ce que tu as fait un bon rêve ? » La voie est libre et le jeune raconte son récit de rêve. Mais il est également demandé qu'il écrive le nom alors reçu dans un langage secret. Et, initié aux pouvoirs de la graphie, le jeune, dépositaire d'un secret, écrit sur la peau interne de sa gibecière le nom qu'il a reçu.

À la fin de l'initiation, le jeune va donc écrire ce nom secret sur sa gibecière. Nul ne peut se prévaloir du droit de voir ce qu'il y a à l'intérieur de la gibecière. Aristote y va de

---

Jaulin, dans *La mort Sara* ou par Griaule dans *Masques dogons*.

son explication de l'initiation : « À la fin de l'initiation, on n'en saura pas plus long, mais il vous sera arrivé quelque chose par quoi on sera fait différemment ».

Une chose qui m'a été confirmée par mon ami anthropologue, est que les Algonquins se sont donné une théorie solide de la vie onirique, laquelle repose sur la distinction entre deux types de rêve. Il y a le rêve typique de l'initiation qui se termine par l'inscription. Mais un autre type de rêve peut se manifester lors de ce voyage extraordinaire, dans ce ravissement des éléments du cosmos et des animaux archétypaux. Tandis que pour le premier type de rêve, les éléments auxquels le jeune est présenté apparaissent fixes et muets, dans le deuxième type de rêve ils apparaissent mouvants et volubiles. C'est dans ce cas du rêve où le jeune est présenté à des éléments du monde mouvants et volubiles, qu'il serait possible dit-on, que quelques temps après son initiation, celui-là qui a fait ce rêve particulier, rarissime, devienne un chaman.

Le rêve initiatique est une expérience vécue qui met en commerce direct un humain et un non humain, animal, végétal, avec ses esprits, voire ses divinités. Ce monde de singularité, à la différence de ce que nous pensons être le cosmos, n'est certainement pas assuré pour lui-même d'être un monde éternel. Au contraire, il en va de la responsabilité des humains et des chamans d'en garantir l'équilibre, notamment en sachant sacrifier justement. En effet, lorsque l'on sacrifie, on ne fait pas que rendre hommage aux ancêtres, voire aux dieux, on ne fait pas que confesser ou reconnaitre ou célébrer une dette par rapport à l'absolu que notre monde s'est fixé. Le sacrifice entretient le souffle même du monde, le souffle même des dieux, la chair même du monde, la chair même des dieux. Sacrifier, c'est entretenir la puissance vitale du monde. Ici, l'homme ne se croit pas nécessairement détaché du monde qui l'entoure, par exemple animal. Et il peut y avoir entre les hommes et les animaux des commerces tendres tel que Descola[10] le racontait à propos de cette fraction du peuple Jivaro que ce sont les Achuars.

Dans une société chamanique, s'il existe une spécificité de l'être humain, c'est-à-dire une maturité, l'être humain la trouve dans cette tâche essentielle d'être responsable du bon équilibre du monde. Il lui revient de maintenir le monde en vie, lequel n'est pas écrit pour toujours en quelque formule assurée. Il s'agit pour le chamane de perpétuellement le faire advenir, en veillant au bon équilibre des forces. Pensons à l'intervention de Tirésias auprès de Créon dans le célèbre mythe grec. Tirésias vient se plaindre du fait que la fumée des offrandes ne monte plus au ciel, refusée par les dieux, depuis que les oiseaux sacrifiés s'étaient nourris du corps de Polynice, laissé sans sépulture par décret royal. Un dérèglement qui laisse augurer les pires calamités, ce qui fait revenir Créon sur sa décision, mais trop tardivement.

Le chamane fonctionne exactement comme la navette d'un tisserand sur l'étoffe du monde. Il voyage à l'envers et il voyage à l'endroit. Il crée des motifs insoupçonnés, il fabrique des singularités, là où l'étoffe pouvait se trouver, se déchirer, se relâcher, tomber en filoche. Pour cela il a besoin

---

10 Philippe Descola, professeur au collège de France, est titulaire de la chaire d'anthropologie de la nature et dirige le laboratoire d'anthropologie sociale. Il a notamment publié *Les lances du crépuscule* relations Jivaros, haute Amazonie (Plon, 1993) et *Par-delà nature et culture*, (Gallimard, 2005).

du voyage et l'autorisation qu'il a de voyager extatiquement au royaume des morts, il l'a reçue de la configuration très particulière, qu'a prise pour lui le rêve au moment de son initiation.

Au moment du voyage, le chamane se laisse posséder, mais pas entièrement. Il reste en partie lucide, ce qui lui permet d'assumer sa fonction de médiateur. Il a la responsabilité de raviver les couleurs du monde, d'en re-dessiner les contours, et de le faire entendre lorsque le train-train du quotidien l'émousse. Un monde qui pourrait devenir oublieux d'un au-delà que le chamane a pour tâche ne pas laisser s'évanouir. Sophocle également s'inscrit dans cette même tâche de gardien de la mémoire, du non-oubli (Alèthéia), lorsqu'il assujettit la prospérité de Colone à la nécessité de préserver la mémoire d'Œdipe.

L'art de la dissociation psychique

Géza Roheim[11] met le doigt sur quelque chose d'important concernant les compétences du chaman, lesquelles, pour un novice, passent pour des conduites douteuses, pour le moins étranges. Il explique que lors de ses transes, le chamane expérimente des états de dissociation psychologique parfois spectaculaire. Des états qui font penser aux symptômes schizophréniques, du moins momentanément. Une chose est certaine, on n'est pas un bon chamane si on n'arrive pas à être dissocié. Il faut entendre les rêves de ces guérisseurs, il faut entendre leur périple, la pluralité des identités qui les habitent pour en comprendre l'utilité.

---

11 Géza Róheim est un ethnologue et psychanalyste américain d'origine hongroise (1891-1953).

Considérer naïvement que le « moi je » usuellement employé comme étant une évidence quant à une identité unique et propre est une erreur de jugement, voire une résistance. Il convient ici de rappeler l'écrit magistral de Françoise Héritier sur l'identité Samo (Burkina Faso), disant que la personne Samo possède 7 organisations de la personnalité qu'elle peut mettre tour à tour en évidence, en fonction, selon des échanges et des tractations auxquelles elle doit se plier, ou des recours auxquels elle aspire…

Le chamane dissocié est un chamane qui s'offre toujours comme une anthologie des vivants et des morts. Il est à la fois une pluralité de morts et surtout celui qui réanime ce qui pourrait mortifier la vie des Dieux… si on ne réajustait pas l'ordre des dettes et des sacrifices qui leur sont dus.

Il arrive des moments, guerre, famine, épidémies grandes transgressions, où la collectivité humaine n'arrive plus à maintenir disjointes la vie et la mort. Alors un chamane est requis pour redistribuer les lignes de partage entre la vie et la mort, au risque d'expérience subjective de mort réelle, et au risque de représenter un danger (lorsqu'il est pris en tant que bouc émissaire) pour la collectivité une fois que les tresses symboliques ont été reprises de renouées. Jacques Galinier[12] explique dans « La moitié du monde » à quel point une fois que le chamane a fait son boulot dans certains

---

[12] Jacques Galinier, ethnologue français, directeur de recherche au CNRS. Il est membre du Laboratoire d'ethnologie et de sociologie comparative (LESC) du CNRS et chargé de cours à l'université Paris Ouest Nanterre La Défense. Spécialiste des Otomis du Mexique. Il a écrit *La moitié du monde : le corps et le cosmos dans le rituel des Indiens otomi*, PUF, 1997.

villages africains, il y a une nécessité qui semble s'imposer, celle de prendre un flingue et de le descendre. Au cas où vous auriez une petite tentation de devenir chaman, rappelons que c'est très difficile. Il faut vraiment faire des examens de passages, et je vous conseille beaucoup plus le Québec que le Mexique, enfin ça dépend, si vous êtes suicidaire, je vous conseille le Mexique.

Dans *L'efficacité symbolique*, Lévi-Strauss parle d'une femme du peuple des Cunas qui ne peut pas accoucher. Au moment d'accoucher le gosse ne sort pas. Alors une chamane se tient à son chevet et raconte une histoire où on voit des forces, on pourrait dire des Esprits, qui vont se livrer à une guerre. Et cette histoire est à la fois cosmogonique, à la fois politique et à la fois somatique. Pour le dire brièvement, c'est la guerre entre les forces d'ouverture et les forces de fermeture.

L'idée c'est qu'au fond la chamane a remis le corps en état fonctionnement parce qu'elle a permis que le corps se projette et se recompose en suivant le fil de l'épopée racontée par la chamane, à savoir la victoire des forces de l'ouverture sur les forces de fermeture.

Michel Perrin[13] s'est rendu compte que les mots prononcés par la chamane en face du malade, en l'occurrence la

---

13 Michel Perrin, né en 1941, ethnologue et anthropologue français, est directeur de recherche au CNRS. Il travaille au Laboratoire d'anthropologie sociale (LAS) au Collège de France. Il est docteur en physique, docteur en ethnologie, docteur ès Lettres et Sciences Humaines et spécialiste du chamanisme. Pendant près de six ans, il a partagé la vie de trois populations amérindiennes.

parturiente qui ne peut lâcher son enfant dans le monde, sont articulés dans une langue que personne ne comprend. Il n'y a donc pas cette idée que c'est en entendant comment son corps va emporter la victoire qu'il va guérir. Cette hypothèse est ruinée, ça ne marche pas de cette manière. L'efficacité chamanique n'est donc pas une efficacité narrative, même s'il se peut très bien que le jeu musical du récit de la chamane Cuna comporte ce crescendo de l'ouverture sur la fermeture dans la musicalité et dans l'énergie de son discours. À nouveau, il nous faut mieux comprendre cette position du chamane qui consiste à éviter le point de catastrophe pour séparer le monde de la vie de celui de la mort.

Lévi-Strauss nous explique à plusieurs reprises ce que serait ce point de catastrophe, que ce soit dans la « Potière jalouse », « Les mythologiques », « Le cru et cuit », « L'homme nu » et dans « Du miel aux cendres ». Il pose la question de la nature du mythe. En quoi le récit mythologique diffère-t-il par exemple du récit d'une épopée, ou du récit du conte ? Y a-t-il une structure particulière du mythe ? C'est là que Lévi-Strauss amène son analyse structurale, laquelle permet d'associer la pratique chamanique à la structure du mythe, dans la mesure où celui-ci a également pour fonction de séparer la mort de la vie.

Mythe et chamanisme

En effet, la structure que l'on retrouve dans les mythes a pour fonction d'éviter que deux points extrêmes ne coïncident, deux points extrêmes qui sont la vie d'un côté, et la mort de l'autre. Le mythe c'est quelque chose qui éloigne le plus possible la vie et la mort. Entre la vie et la mort sont intercalés certains potentiels d'opposition et de transcendance. Une transcendance destinée à renouer avec l'unité originaire, fertile et symbolique. Là sans doute se différencient les chamans-herméneutes (comme Sophocle, prêtre d'Asclépios) des chamans-sorciers. Du côté de la vie, raconte Lévi-Strauss, en travaillant sur les mythes des Quechua, nous avons l'agriculture, du côté de la mort, la chasse. Mais l'agriculture elle-même se distingue entre vie et mort et la chasse aussi car on tue pour pouvoir manger. L'agriculture et la chasse ne sont pas envisagées seulement comme des activités économiques, ni même comme des activités de survie. Il faut à chaque fois une surproduction et un surproduit, pas trop.... Mais une surproduction ne peut être engrangée comme quelque chose qu'on va capitaliser. On va s'en servir soit pour le détruire de façon ostentatoire devant le chef du village voisin, soit on va laisser pourrir les choses.

On va laisser par exemple pourrir la plus grosse igname sur la place du village. J'ai vu ça au Togo, comme Stéphane Breton[14] le raconte dans « La mascarade des sexes » en Nouvelle-Guinée. Le surplus de la chasse va être offert, détruit de façon cérémonial, agriculture d'un côté et chasse de l'autre. Le surplus d'un certain équilibre entre la vie et la mort ne se capitalise pas. Rompre cet équilibre conduit au point de catastrophe, où la vie se verse dans la mort et inversement la mort dans la vie. L'efficacité symbolique du chamane ne se réduit pas en ses grigris thérapeutiques, mais

---

14 Stéphane Breton, cinéaste, photographe ethnologue français. Spécialiste de l'ethnologie de la Mélanésie, il est membre du Laboratoire d'anthropologie sociale du Collège de France, Maître de conférences à l'École des Hautes Études en Sciences Sociales et il enseigne l'anthropologie et le cinéma documentaire.

dans les mesures qu'il prend pour que ce point de catastrophe soit évité autant que possible.

Ainsi le chamane est-il aussi fou que pourrait l'être un mythe aux yeux d'un esprit rationaliste, et aussi sage que les messages véhiculés par les mythes, pour tous ceux qui ne s'arrêtent pas aux seules apparences. Voilà pourquoi cette compétence du chamane à la dissociation ne saurait être comprise à travers la question de la folie telle nous avons l'habitude de la définir en occident. Ce qui importe, c'est de prendre au sérieux les potentialités du chaman, et de comprendre leurs nécessités. En cela, le chamane bat le rappel incessant du fait que nous vivons dans un monde instable, à facettes variables, et que nous sommes les tisserands de ce monde.

Conclusions

Aujourd'hui le psychanalyste, et de même l'anthropologue, sont attentifs aux brisures des transmissions et aux effets des violences de l'histoire sur les individus comme sur les collectivités. Si l'anthropologue porte son attention à aux nouvelles idéologies identitaires, le psychanalyste se montrera disposé à retisser pour chacun les fils qui le relie à ses ancêtres et à ses altérités, il accueillera et entendra comment chacun se construit comme un sujet actuel, contemporain. Il pourra aider celui ou celle qui lui parle à se séparer de ses morts, à élaborer ses deuils, non pour se couper de ses propres lignées et fondations, mais pour interroger leurs histoires particulières et leur universalité de complexes, par quoi mythe et histoire se rejoignent et tissent à nouveaux des liens.

Elisabeth Horowitz est thérapeute spécialisée en Psychogénéalogie et thérapie brève axée sur les solutions. De formation universitaire, après des années de pratique en cabinet privé, elle a fondé l'Association Française de Psychogénéalogie à Paris (2001). Conférencière, elle est également auteure de nombreux ouvrages en développement personnel (voir sa bibliographie).

Son site Internet : www.elisabeth-horowitz.com

IV

Dix rituels primitifs pour guérir l'arbre généalogique

Élisabeth Horowitz

Si l'idée même d'analyser l'arbre généalogique voire de le soigner est relativement récente (fin du XIXe siècle avec les débuts de la psychanalyse), elle puise nombre de ses concepts dans les coutumes et les rituels des sociétés dites premières. Le souci de dégagement ou de libération transgénérationnelle qui sous-tend nombre de démarches thérapeutiques contemporaines ne date donc pas d'hier puisqu'il remonte loin dans les pratiques magico-religieuses ancestrales.

Pour les peuples de culture chamanique, les influences des lignées maternelle et paternelle sont réelles et si nous connaissons tous leur fameux « culte rendu aux morts », leur loyauté au passé et aux ancêtres demeure toute relative. En effet, de manière surprenante, et quel que soit le continent (Océanie, Afrique, Amériques), nombre de leurs stratégies visent aussi et surtout à se libérer de l'emprise des liens familiaux.

Dans cet article, je présenterai dix stratégies « primitives » choisies parmi toutes celles qui furent observées et étudiées par des anthropologues et des penseurs fameux

(Sigmund Freud, Lucien Lévy-Bruhl, Claude Lévi-Strauss), puis en reprendrais certaines dans l'objectif d'une application thérapeutique contemporaine.

Première stratégie : un Totem pour origine

En Occident, notre conception du couple et de la famille est surdéterminée par un modèle originel, celui d'un premier couple fondateur (Adam et Eve). Quelques siècles d'histoire démontreraient, s'il en était le besoin, l'influence psychique dévastatrice d'une telle légende sur les rapports de couple et la sexualité (entachée de honte) d'innombrables générations. Les naturels eux, en sont libres. Aucun couple mythique ne peut être supérieur à celui (ou à ceux) qu'ils forment ou formeront. Aucun récit d'une telle nature ne saurait les limiter. Car la source de leur lignage n'est point humaine, mais totémique.

Qu'est-ce qu'un totem ? Concrètement, c'est un animal, comestible, inoffensif ou dangereux et redouté, plus rarement une plante ou une force naturelle (pluie, eau), Le totem est, en premier lieu, l'ancêtre du groupe. Non humain, de race autre et donc fondamentalement différent, il ne peut, pour les hommes et les femmes d'une même tribu constituer un idéal et en limiter les expériences intimes. En cela, nous pouvons penser que le totémisme offre une plus grande liberté et assouplit les liens familiaux puisque la parenté s'étend et se conclut, non point à tous les membres d'un clan liés par le sang et/ou par l'alliance, mais à tous ceux possédant un même totem.

Ceux qui ont le même totem (faucon, grenouille, bison. etc.) sont donc soumis à l'obligation sacrée, de ne pas tuer (ou détruire) leur totem, de s'abstenir de manger de sa chair. Le caractère totémique est inhérent, non à tel animal particulier ou à tel autre objet particulier (plante ou force naturelle), mais à tous les individus appartenant à l'espèce du totem. De temps à autre sont célébrées des fêtes au cours desquelles les membres du groupe totémique reproduisent ou imitent, par des danses cérémoniales, les mouvements et particularités de leur totem.

Nous pouvons supposer que tous savent qu'ils ne peuvent pas être les descendants charnels de la figure totémique, mais en le prétendant, ils évacuent la question des origines. S'il n'y a point d'origine humaine, aucun modèle ne prévaut et le champ des expériences demeure ouvert. Honte, culpabilité, sentiment d'infériorité, interdits et querelles de genre disparaissent. Substituées par le Totem, les deux figures humaines fondatrices qui auraient pu s'imposer comme supérieures aux propres descendants (« Grand ancêtre mâle », « Grande aïeule »), sont absentes. Cela réduit considérablement les tensions à l'intérieur même des petites unités familiales.

Deuxième stratégie : modifier les noms

Afin de se libérer des attaches et autres loyautés familiales, une fine stratégie utilisée par les cultures de type chamanique consiste à ne point nommer les parents, frères et sœurs et grands-parents. Dans l'Inde méridionale par exemple, les femmes ne prononcent pas le nom de leurs maris, et chez les Dakayos, un homme ne peut prononcer le nom de ses beaux-parents. Même les mots ressemblant phonétiquement aux noms de famille ne peuvent être prononcés.

Chez les indigènes de la côte de la péninsule de Gacela en Nouvelle Bretagne, prononcer le nom du beau-frère est fort mal considéré, de même que dans les îles Banks de Mélanésie, l'interdiction de nommer les personnes unies par le mariage est permanente. À Célèbes, aucune parole ressemblant aux noms de membres de la famille ne peut sortir des lèvres. Si le nom du beau-père est Kallala, son gendre ne pourra designer un cheval par son nom commun (Kawallo) et emploiera comme substitut le mot Sasacajan (animal pour monter).

Bien avant la parution du célèbre opus de Sigmund Freud intitulé *Psychopathologie de la vie quotidienne* (1901), les « primitifs » savaient que du point de vue de l'inconscient, deux mots désignant des choses différentes mais dont la phonétique est similaire voire identique, sont d'égale valeur. Ils sont, au fond, un même mot. En ne prononçant jamais le nom des parents et beaux-parents, le natif s'extrait symboliquement du maillage généalogique dans lequel il est inséré (famille d'origine, famille du conjoint), et conserve ainsi une part de liberté. En changeant son langage, en modifiant les noms des proches, le naturel se dégage d'un système familial qui le fixait à une place et dans une fonction.

Cette précaution s'étend aussi aux membres de la famille qui sont décédés. Chez les Indiens d'Amérique du Nord, toutes les personnes (hommes et femmes) portant le même nom que celle venant de mourir sont obligées de l'abandonner et d'en adopter un autre. Parfois, comme pour les tribus des Montagnes Rocheuses, cette obligation dure seulement la période de deuil, mais sur la côte Pacifique, elle est permanente. Dans les conversations on évite les syllabes de même résonance. Et s'il en échappe par mégarde, que fait-on ? L'on annule l'appel inconsidéré en crachant par trois fois, Cette précaution permet aussi de se délier du groupe familial, d'éviter de répéter les mêmes symptômes et ne pas être victime des mêmes circonstances de décès (que le défunt).

Lorsque le nom du mort est le même ou le synonyme d'un objet de tous les jours (eau, feu, plante, animal, etc.), ce dernier est immédiatement remplacé. Cette coutume se rencontre aussi bien en Amérique qu'en Australie, si bien que les dialectes changent régulièrement et de nouvelles paroles sont créées au fur et à mesure des besoins.

C'est ainsi que les Massaï de l'Afrique ont eu recours à un procédé supplémentaire fort ingénieux : changer le nom du décédé immédiatement après sa mort ; à partir de ce moment, il peut être nommé sans crainte, toutes les interdictions ne se rapportant qu'à son ancien nom. Ce faisant, on suppose que l'esprit ne connaît pas son nouveau nom et ne sait pas que c'est de lui qu'il s'agit. Les tribus australiennes de l'Adélaïde et de l'Encounter Bay poussent leurs précautions plus loin : après une mort, toutes les personnes dont les noms ressemblaient à celui du défunt en prennent de nouveaux.

Dans la tribu de la baie de Encounter (Australie), si un homme appelé Ngnke (eau) décède, les membres du clan ne pourront plus jamais utiliser ce terme, ils doivent en créer un nouveau pour désigner l'eau. Cela explique également la grande réserve de synonymes à leur disposition. Nous remarquons le même procédé chez les Indiens du Paraguay, lorsqu'une parole est abolie, elle ne peut plus être utilisée. De nouveaux mots naissent ainsi comme des champignons d'un jour à l'autre.

Comment appliquer cette stratégie aujourd'hui ? Notre nom constitue-t-il un destin ? Changer d'identité peut être un acte symbolique puissant, une solution express à l'héritage généalogique problématique et aux abus familiaux, comme : porter le prénom d'un parent, porter le prénom d'un enfant ou d'un adolescent décédé, porter le prénom d'un membre de la famille coupable de violences ou d'abus divers, celui de l'amant ou la maîtresse du père ou de la mère, ou encore avoir été nommé(e) d'après une œuvre de fiction (œuvre littéraire ou cinématographique), etc. Modifier son nom ou son prénom (voire les deux) peut réorienter la destinée, l'engager sur des chemins beaucoup plus positifs.

Enfin, comme dans certaines situations à risque vécues par les naturels (sortie en mer, expédition en forêt, randonnée de plusieurs jours), durant lesquelles aucune parole sensible et au grand jamais les noms de parents, collatéraux ou même ceux de familiers ne sont prononcés, évitons d'évoquer les membres de la famille lors de périodes personnelles sensibles (nouvelle relation sentimentale, nouvel emploi, projet professionnel, voyage, etc.).

Troisième stratégie : se libérer de secrets

À la plupart d'entre nous, la psychanalyse apparaît comme une conquête révolutionnaire de la civilisation du XXe siècle. En partie, cette discipline n'a fait que retrouver, et traduire en termes nouveaux, une conception des troubles psychologiques et somatiques qui remonte probablement aux origines de l'humanité et que les peuples que nous appelons primitifs n'ont pas cessé d'utiliser, souvent avec un art qui étonne nos meilleurs praticiens. Chez les naturels, l'homme malade (ou ses proches à sa place) doit, comme sur le divan d'un thérapeute, d'abord « confesser » certaines fautes pouvant avoir été à l'origine de son mal.

« Il ne faut pas, dit le chamane Inugpasugjuk, que les gens aient des secrets. Toutes les mauvaises actions qu'un homme a essayé de cacher ont grandi et sont devenues un mal vivant, redoutable. » À plus forte raison, le secret est-il nuisible lorsqu'il dissimule un acte qui rend impur, c'est-à-dire qui attire une mauvaise influence sur son auteur et sur ceux qui vivent près de lui. Il ne faut donc pas que de tels actes restent ignorés. À cette condition seulement, on en arrêtera les conséquences. Mais elle n'est pas toujours suffisante. Il faut souvent, en outre, que leur auteur les ait avoués lui-même. Un malheur inattendu, inexplicable, révèle tout à coup qu'une influence s'exerce sur ceux qu'il frappe et qu'ils sont impurs. Comment le sont-ils devenus ? Peut-être par leur propre faute, à leur insu. Peut-être par celle de l'un d'entre eux, dont un acte a souillé le groupe entier, attirant ainsi le malheur sur eux tous.

Pour faire cesser cet état, qui menace d'être fatal, pour que le groupe puisse redevenir pur, une condition préliminaire est indispensable. Il faut que celui qui a contracté la souillure avoue sa faute. La confession est de rigueur. Tant qu'elle n'a pas eu lieu, les conséquences de la souillure continuent à se dérouler. Quelques faits les mettront en lumière.

La femme d'un missionnaire indigène rentrait dans sa famille, à Fidji, venant de la Nouvelle-Guinée. Elle avait pris passage sur un cutter, à Sawa, avec son petit garçon. Quelque temps après le départ, une tempête éclata et les vagues commencèrent à déferler sur le bateau. Une lame plus grosse que les autres atteignit l'enfant et le précipita à la mer. Le capitaine, avec un grand courage, se jeta dans l'eau bouillonnante pour le sauver. Il réussit à le rejoindre, mais la violence du vent empêchait les matelots d'amener le voilier assez près de lui. Jusqu'au moment où un énorme requin les approcha. Horrifié, il s'attendait à chaque minute à se sentir lui-même saisi et il continuait à se débattre au milieu des vagues... Il fallut un moment pour que le bateau pût arriver à les sauver. À peine avait-il remis le pied à bord que, lançant un regard circulaire sur l'équipage et les passagers, presque comme un juge, il demanda : « Qui est cause de cela ? »

Alors, la mère de l'enfant se prosterna sur le pont et confessa la faute qu'elle avait commise en Nouvelle-Guinée avant de partir. Aussitôt, tous sur le cutter se sentirent soulagés, considérant que ce qui était arrivé était complètement expliqué et n'aurait pu être évité, étant donné les circonstances.

Dans la même pensée, avant d'entrer en campagne, on demandera à chaque guerrier la confession entière – et en général publique – de ses fautes. C'est là un usage très commun dans les sociétés primitives ou même assez développées : on l'a constaté en Indonésie, en Polynésie, chez les Esquimaux, au Mexique, au Pérou du temps des Incas, en Afrique chez les Bantous, et encore ailleurs. À Samoa, les guerriers, avant d'aller au combat, sont aspergés d'eau de noix de coco, chacun confesse toutes les fautes dont il peut s'être rendu coupable et, après avoir été aspergé, il prononce en général une prière pour obtenir protection et succès.

Une variante ? Les hommes font autant de nœuds (que de fautes admises) sur une corde, qu'ils brûlent ensuite de manière à s'en libérer. Ces mêmes Samoans reconnaissent une grande valeur à la confession en cas de danger : sur mer, le timonier oriente le bateau contre le vent et les hommes confessent alors toutes leurs exactions. L'un dit : « Eh bien, j'ai dérobé une volaille à tel village » ; un autre avoue avoir péché avec une femme mariée, dans un autre village, etc. Après que les hommes, chacun leur tour, ont ainsi fait leur confession ou affirmé leur innocence, le bateau reprend le vent et l'on se croit sûr que l'équipage se tirera sain et sauf de la traversée.

Si les conséquences des fautes des uns peuvent rejaillir sur autrui et sur un groupe, c'est à fortiori le cas entre les membres d'une même famille et entre les générations. Les fautes des aïeux (liaisons extra-conjugales, enfants illégitimes, homosexualité ou bi-sexualité, abus sexuels, incestes, adoptions. violences, etc.) sont ainsi portées par les nouvelles générations. Les conséquences sont souvent lourdes (mélancolie, dépression, hantise, syndrome d'échec, répétition inconsciente des faits ignorés).

Ainsi, dans les sociétés primitives de type chamanique, en cas de maladie, un usage très commun consiste à faire avouer à chacun ce qu'il a pu commettre. Le recours à la confession, privée ou collective est quasi obligatoire que ce soit en Indonésie, Polynésie, Mexique, en Afrique ou dans les régions de l'Arctique. Aussi longtemps qu'une faute est maintenue secrète, son influence s'avère insidieuse. À Samoa, en cas de maladie sérieuse, le grand prêtre du village demande aux amis du malade de réunir la famille et de faire une confession.

Car les naturels savent qu'un trouble de santé peut aussi être la conséquence de secrets généalogiques. Ceux concernant la filiation sont en première ligne (identité du père, de la mère ou celle des frères et sœurs) et semblent avoir une influence sur le métabolisme et le système immunitaire. Et si ce qui se déroulait dans la cellule familiale induisait des mutations dans d'autres cellules (celles du corps) ?

Quatrième stratégie : Prohiber l'inceste

Dans toutes les cultures chamaniques comme dans les sociétés contemporaines, l'inceste constitue un tabou majeur. On ne saurait, sans engendrer des conséquences sérieuses, s'unir à son semblable, c'est-à-dire à un homme ou une femme appartenant au même groupe familial. Sans l'interdit qui le prohibe, chacun aurait des relations avec ses proches et aucun échange avec l'extérieur ne serait possible.

Nous devons ajouter toute une série de coutumes qui, destinées à empêcher les rapports sexuels individuels entre proches parents, à l'instar de ce qui se passe chez nous, sont observées avec rigueur.

Dans la presqu'île des Gazelles, en Nouvelle-Bretagne, une sœur, une fois mariée, ne doit plus adresser la parole à son frère ; au lieu de prononcer son nom, elle doit le désigner par une périphrase. Dans le Nouveau-Mecklembourg, la même prohibition s'applique, non seulement à frère et sœur, mais aussi à cousin et cousine. Ils ne doivent ni se rapprocher l'un de l'autre, ni se donner la main, ni se faire des cadeaux ; lorsqu'ils veulent se parler, ils doivent le faire à la distance de quelques pas.

Chez les Battas, de Sumatra, les prohibitions s'étendent à tous les degrés de parenté un peu proches. Chez les Barongo de la baie de Delagoa, en Afrique, les précautions les plus sévères sont imposées à l'homme à l'égard de sa belle-sœur, c'est-à-dire de la femme du frère de sa propre femme. Lorsqu'un homme rencontre quelque part cette personne, dangereuse pour lui, il l'évite soigneusement. Il n'ose pas manger dans le même plat qu'elle, il ne lui parle qu'en tremblant, il ne se décide pas à s'approcher de sa cabane et la salue d'une voix à peine perceptible

Aux îles Banko, ces prohibitions sont très sévères et d'une cruelle rigueur. Un gendre et une belle-mère doivent éviter de se trouver à proximité l'un de l'autre. Lorsque, par hasard, ils se rencontrent sur un chemin, la belle-mère doit s'écarter et tourner le dos jusqu'à ce que le gendre l'ait dépassée, ou inversement. À Vanna Lava (Port Patterson), un gendre ne mettra pas les pieds sur la plage après le passage de sa belle-mère avant que la marée n'ait fait disparaître dans le sable la trace des pas de celle-ci. Ils ne doivent se parler qu'à distance, et il est bien entendu qu'ils ne doivent pas prononcer le nom l'un de l'autre.

Malgré cet interdit atemporel et universel, les pulsions incestueuses qui nous portent à chérir nos premiers objets d'amour (parents, grands-parents, frères et sœurs, cousins) demeurent parfois vivaces bien après l'enfance et l'adolescence. Car si l'on peut se détacher aisément de relations qui nous ont satisfaits et comblés, nous ne pouvons y parvenir lorsque le besoin vital d'être aimés et reconnus demeure frustré et donc inassouvi.

Comment sait-on que cette pulsion envers les parents (naturelle et spontanée à l'origine) s'est cristallisée ? Lorsque nous fréquentons et/ou aimons des personnes qui se prénomment et/ou se nomment comme nos parents, dans certains cas exercent le même métier, ont un âge significatif et/ou possèdent une date de naissance semblable (voire une adresse commune).

Comment l'appliquer aujourd'hui ? Dans son ouvrage *Totem et Tabou* (1912), Sigmund Freud précise qu'aux îles Fidji ces prohibitions de l'inceste sont particulièrement rigoureuses ; elles s'appliquent non seulement aux parents par le sang, mais aussi aux frères et sœurs de groupe. Nous sommes d'autant plus étonnés d'apprendre que ces sauvages connaissent des orgies sacrées, au cours desquelles s'accomplissent précisément les unions sexuelles les plus frappées de prohibition. Ils réalisent, dans un temps et un cadre précis, la pulsion incestueuse.

Sur le même principe, l'acte le plus simple consiste à fabriquer un masque à partir de la photographie de l'un des parents (ou des deux) et de le porter (ou la faire porter au conjoint) durant l'acte d'amour (en prononçant leur nom au moment de la jouissance). Ainsi réalise-t-on de manière métaphorique le désir inconscient de l'acte sexuel avec les géniteurs.

Enfin, dans son ouvrage *La Cérémonie du Naven* (1935), l'ethnologue et futur fondateur de l'école de Palo Alto Gregory Bateson, précise que certaines tribus ont régulièrement recours au travestissement. Les hommes s'habillent en femmes et inversement. Ce rituel peut lui aussi être utilisé à des fins cathartiques (par exemple si nous sommes garçon et que nos parents souhaitaient depuis toujours une fille, il est possible, par exemple, de se travestir en femme une partie de la journée et ce, durant autant de jours que notre âge, puis de brûler ces vêtements).

Cinquième stratégie : miniaturiser les liens familiaux

Un autre procédé consiste à recréer des situations familiales en miniature pour réparer certaines relations délicates entre des conjoints et/ou entre des parents et leurs enfants. En Nouvelle-Calédonie, les habitants modèlent les effigies miniatures de membres de la tribu pour maintenir ou restaurer l'harmonie entre les hommes et les femmes. Pour cela, ils attachent fermement ensemble leurs petites figurines à l'aide d'un lien afin d'assurer la constance et la force de leur amour.

Dans une tribu du Sud de l'Inde, de petites statuettes de bois sculpté, mâles et femelles, sans vêtement, sont fabriquées à Tirupati pour être vendues aux Hindous. Ceux qui n'ont pas d'enfants célèbrent sur ces statuettes la cérémonie du percement des oreilles, croyant qu'en conséquence il leur naîtra de la postérité. Ou bien, s'il y a dans une famille des garçons ou des filles encore célibataires, les parents célèbrent la cérémonie du mariage entre deux poupées, dans l'espoir que le mariage de leurs enfants ne tardera pas à suivre. On habille les poupées, on leur met des bijoux, et la cérémonie d'un mariage véritable se déroule tout entière. Il y a des habitants qui, pour un mariage de poupées, ont dépensé autant que pour un véritable. Dans la pensée de ces Hindous, la préfiguration de l'heureux événement grâce à la miniature, a pour effet de l'amener à se produire.

Comment appliquer cette stratégie aujourd'hui ? Au plan psychologique, miniaturiser (ou agrandir) une image permet de se dégager de situations délicates. Comment procéder ?

Miniaturiser une situation familiale qui effraie : comme le pêcheur qui mime par avance son départ en mer à l'aide de miniatures, vous pouvez fabriquer de petites figurines qui vous aideront à représenter une situation qui vous semble difficile à vivre. La miniaturisation permet de mieux la maîtriser. Une fois réduite en taille, celle-ci paraît moins effrayante. À une consultante mal à l'aise lors de réunions familiales, j'ai conseillé de miniaturiser toute la scène avant de s'y rendre, ce qui lui a permis de maîtriser sa peur et de retrouver sa confiance en elle.

Diminuer l'influence parentale : à Sophie, une consultante dominée par ses parents (mère très possessive, père rigide et autoritaire) j'ai pu conseiller de faire agrandir les photos de ces derniers au maximum (taille d'un poster géant) puis, chaque jour, d'en diminuer le format à la photocopieuse, jusqu'à parvenir à une version miniature (taille d'un timbre-poste). Sur un mode symbolique, nous augmentons la puissance parentale (amplification) pour mieux la faire décroître ensuite. Ainsi réduites, l'image et la chose représentée perdent leur pouvoir menaçant, redeviennent neutres, puis inoffensives.

Sixième stratégie : anticiper les programmes familiaux

Si un Indien perçoit les signes annonciateurs d'événements contraires (par exemple, il fait un rêve saisissant et sans doute prémonitoire dans lequel sa maison brûle), il n'attend pas qu'ils surviennent dans la réalité : dès le lendemain il met en scène ce qu'il a vu et allume le feu à la petite hutte construite exprès pour cela. De cette manière, l'action de l'influence à venir n'est plus à craindre. Elle a été épuisée par cette anticipation. On réalisera soi-même, plus ou moins complètement, l'événement contraire que l'on sent imminent. Par exemple, quand on s'est vu en rêve frappé par une infortune, aussitôt éveillé, on exécutera le rêve, le plus tôt et du mieux que l'on pourra.

De la sorte, on substitue un équivalent au destin qui menace. On le rend réel d'avance, et ainsi on en est quitte : il est arrivé, il ne se produira pas de nouveau. Chez les Indiens de la Nouvelle France, l'un a rêvé qu'il était pris par l'ennemi, et torturé selon l'usage ; le lendemain, il se fait attacher au poteau par ses amis, et il les prie de lui infliger de cruelles blessures (de manière symbolique). On trace sur sa peau de grandes lignes rouges.

Comment appliquer cette stratégie aujourd'hui ? Imaginons que, de la même manière, notre famille ait lancé des prédictions et nous aient programmé pour vivre des situations délicates : « Tu finiras dans la misère, à la rue », « Chez nous (même toi), tout le monde meurt jeune », « De notre côté, les femmes survivent toujours à leur mari », « Les artistes finissent tous sur le pavé », etc.

Comment les résoudre ? Appliquons le même procédé et mettons en scène la prédiction familiale grâce à un acte symbolique : nous habillant en clochard, nous irons mendier dans la rue un nombre de jours équivalent à notre âge. Dans le deuxième cas, nous ferons imprimer des cartes de visite avec pour mention (sous notre nom) « décédé(e) » prématurément en sa vingtième année" (un âge inférieur au sien dans tous les cas) avant de les distribuer dans une rue passante ou dans les boîtes à lettres de son quartier. La mention peut être changée par « Veuve X, ou veuf Y.... »

La peur d'être victime d'un accident comme d'autres membres de la famille peut donner lieu à une autre mise en scène, comme se coucher sous une voiture après s'être aspergé de plusieurs litres de sang (artificiel) et de faire prendre des clichés. De cette manière, la prédiction négative est épuisée par anticipation, on l'a réalisée avant qu'elle ne puisse survenir.

Septième stratégie : se libérer de pulsions hostiles

Certaines tribus ne se contentent pas de tracer un portrait ou même de fabriquer un petit objet en imitant son original, elles fabriquent (en paille ou en cire) un mannequin dans toute sa hauteur et son relief. C'est le cas des tribus caciques en Amérique du Sud, qui apportent un mannequin représentant l'ennemi, feignent d'engager avec lui le combat, le couvrant de blessures avant de le découper en morceaux. Ils déchargent ainsi leurs pulsions hostiles et leur colère d'une manière symbolique.

Comment appliquer cette stratégie aujourd'hui ? On sait que la famille d'origine est loin d'être inconditionnellement favorable à la vie et parfois, il est urgent de se libérer de problèmes plus profonds, lorsque les parents et aïeux ont été, non pas l'instrument d'une réussite (sentimentale, matérielle, professionnelle), mais au contraire la raison même de l'échec de celle-ci.

Plus les abus sont importants (critiques incessantes, abus verbaux répétés, châtiments corporels, indifférence, possessivité, préférence pour les autres enfants du foyer, mise à l'écart, enfant « bouc émissaire », interdit d'exprimer sa vocation et d'en faire son métier, etc.), plus s'accroît le ressentiment et le désir secret de se libérer de parents oppresseurs, voire de s'en venger (bien que ces pulsions soient habituellement minimisées et niées, c'est-à-dire refoulées). Pour ce faire, et de manière symbolique, on découpera en morceaux un mannequin sur le visage duquel on aura préalablement collé la photographie du parent maltraitant.

Huitième stratégie : expulser le mal généalogique

Se souvient-on de la célèbre demande formulée par Sigmund Freud à ses patients présentant un symptôme : « Qui cherchez-vous à imiter ? » Qui, au sein de la famille et avant soi, présentait les mêmes afflictions ? Autrement dit, qui cherche-t-on (inconsciemment) à mimer ? L'imitation est à l'origine de nombreux symptômes, tant on sait que nombre de descendants tentent de gagner l'amour de leurs parents ou de leurs ascendants en s'y identifiant au plan corporel.

Chez les naturels, l'homme-médecine n'a pas le besoin, comme nos praticiens, d'examiner soigneusement le malade, de réfléchir à l'interprétation des symptômes, et d'établir un diagnostic au sens médical du mot. Tout au plus l'aspect du patient lui suggère-t-il peut-être un pronostic qu'il garde par devers lui (infections, virus, bactéries, secrets et conflits familiaux ainsi qu'esprits mauvais sont synonymes à ses yeux).

La maladie étant une impureté matérialisée, le médecin adopte, pour la traiter une technique spectaculaire. Il procède tout d'abord à un vigoureux massage, soit de tout le corps, soit des parties où semble siéger le mal (il malaxe avec de grands efforts, souvent pendant des heures, afin de contraindre la cause du mal à venir se placer à un certain point sous la peau), puis il en frictionne ou en suce différentes parties. À force, il finit par extraire un petit objet - caillou, bâtonnet, feuille, épine, fragment d'os, ver, insecte - qui est la forme visible de la maladie. Ce qui est extrait à si grand-peine du corps du malade, est parfois sorti de la bouche du docteur. Il avait eu soin de l'y placer avant de commencer le traitement.

Pour parvenir à ce résultat, et ainsi que Claude Lévi-Strauss a pu le décrire, le soignant procède à une action symbolique, préfigurant l'expulsion désirée (du mal). Il réalise par avance ce qui arrivera quand elle aura lieu. Il fait donc comme si, par des efforts de succion énergiques et prolongés, il triomphait de la résistance du principe malin, et parvenait enfin à extraire l'objet qui en matérialise la présence.

En faisant semblant de retirer, par succion, des pointes de fer hors du corps de son malade, et se les crachant dans la main, les indigènes voient cela et le croient. Il semble qu'ils ne sont pas dupes de la supercherie, et pourtant ils affirment que la cérémonie produit l'effet attendu. Ils ont de ce qui se passe une idée différente de la nôtre... À leurs yeux, c'est simplement une action symbolique. Mais elle entraîne après elle l'effet figuré par elle et par la cérémonie. Elle semble aussi efficace qu'une vraie chirurgie.

D'autres medecine-men procèdent, quant à eux, à de véritables opérations pour examiner les organes internes et en sortir la cause du mal à l'aide d'un couteau. Le célèbre anthropologue W. Bogoras assista à une opération de ce type sur un jeune garçon de quatorze ans totalement nu, sa mère (une chaman) lui ouvrit le ventre et l'on pouvait voir le sang et la blessure ouverte. La mère y plongea profondément sa main puis la chair se referma sans aucune trace. Il vit un autre chamane s'ouvrir lui-même l'abdomen.

Comment utiliser cette stratégie aujourd'hui ? Pour toutes les situations relevant du processus d'identification aux parents, à leurs symptômes et leurs maladies (parfois au même âge), l'acte symbolique consistera à écrire le nom du parent sur une étiquette adhésive à poser sur la partie du corps ou l'organe concerné, pour l'y laisser un nombre de jours précis avant de la décoller (et ainsi se libérer de la pulsion mimétique). On peut aussi avoir recours à des opérations placebo : il s'agit de faire mine d'ouvrir le corps et d'en retirer le mal, sous la forme d'une masse ou d'un petit objet.

On peut également mimer une opération dans son intégralité. Le principe est des plus intéressants : vraie ou fausse, si la magie peut guérir, on peut alors effectuer des opérations placebo que l'inconscient prendra pour réelles. Par exemple, on appliquera sur la chair malade un poulpe symbolisant une tumeur qui adhère et on fera mime de la détacher à grand-peine ou on se saisira d'un énorme couteau pour mettre en scène une chirurgie imaginaire, voire pour « remplacer » des organes. C'est le principe même de l'opération qui impressionne et semble détenir un pouvoir transmutatoire sur l'inconscient.

Neuvième stratégie : la voie des masques

Aux Nouvelles-Hébrides, comme en Afrique ou dans toute l'Océanie, on distingue les masques employés dans les cérémonies des sociétés secrètes, et les autres. Au nombre des masques initiatiques, entrent tous ceux qui, joints à un costume de feuilles descendant jusqu'aux pieds, cachent entièrement celui qui les porte. Le but étant d'effacer la personnalité (et ses attaches généalogiques) pour que puisse se manifester en soi le « Grand Esprit ». De manière plus commune, les masques servent aussi d'intermédiaires et expriment nombre d'émotions libératrices vis-à-vis des proches. Sobres ou garnis de plumes, rieurs ou terrifiants, emboîtant le visage ou de dimensions vertigineuses, monochromes ou très colorés, leurs vives expressions illustrent toute la gamme des humeurs et des sentiments humains.

Comment appliquer cette stratégie aujourd'hui ? Comme au théâtre, et pour se libérer des influences généalogiques, nous pouvons aisément fabriquer un (ou plusieurs) masques à partir de la photographie du visage de certains membres de la famille, en priorité celui des parents et/ou des frères et sœurs et oncles et tantes, dans la mesure où l'on se sent encore sous leur influence et/ou identifiés à eux.

On se rendra dans un endroit public durant une heure arborant le masque du visage de la mère, puis le lendemain celui du père, puis le surlendemain celui d'un frère ou d'une sœur (surtout si ces derniers étaient dominants, car préférés). Ensuite on brûlera ces masques.

Pour régler un conflit plus ancien et avoir une explication ultime (avec une personne décédée), on fabriquera un masque sur lequel sera appliquée la photographie du visage de celle-ci. On demandera à un étudiant de théâtre (que l'on paiera pour le service) de revêtir le masque puis les mêmes vêtements (ou similaires). On s'adressera au substitut du parent comme au parent lui-même, de manière à exprimer ce que l'on souhaite. Cela fonctionne parce que l'inconscient donne aux symboles et à la métaphore la même valeur qu'aux faits réels.

Dixième stratégie : absorber la terre de sa contrée

Hier comme aujourd'hui, et pour toute famille, devoir quitter sa terre, sa région, voire son pays est un trauma majeur aux conséquences souvent tragiques. Car rompre le lien avec la terre originelle induira souvent à court terme un remaniement des liens du sang. Un naturel ne peut pas quitter son groupe local pour se faire naturaliser ou adopter par un autre. De même que la contrée lui appartient, il appartient à la contrée. S'il la quitte, il devient un étranger... Aujourd'hui le pays appartient aux blancs, et il faut bien que les indigènes vivent où ils peuvent. Mais, même maintenant, l'attachement d'un homme à la contrée de son groupe local demeure vivace.

Voici un rite symbolique africain efficace qui laisse transparaître la relation entre le sol et le groupe qui y vit : quand un Ronga revient de Kimberley avec la femme qu'il y a épousée, ils en rapportent une petite quantité de terre prise à l'endroit qu'ils viennent de quitter, et la femme doit en manger un peu chaque jour dans sa soupe, pour s'accoutumer à sa nouvelle résidence. Cette terre fait la transition entre les deux domiciles.

Comment appliquer cette stratégie aujourd'hui ? Pour une famille, outre franchir une classe sociale, quitter sa région ou son pays, voire immigrer sur un continent autre, est la plus importance source de stress post-traumatique. En effet, le sol offre une permanence, une constance que ne sauraient garantir les relations humaines. La perte du sol est souvent vécue comme une blessure intime dont parlent encore, des décennies plus tard, nombre d'expatriés. Pour en éviter les effets, il suffit de disposer d'un peu de terre du lieu d'origine et l'acte symbolique consistera à en absorber quelques grammes chaque jour.

Pour conclure

Vers un néo-chamanisme ? En ouvrant une fenêtre sur l'humanité telle qu'elle était hier encore (relativement intacte et inchangée dans les contrées lointaines jusqu'au milieu du XXème siècle), j'espère avoir, au fil de ces quelques pages, su offrir un premier panorama des possibilités de changement et de guérison offertes par la mise en place d'actes symboliques. Tous sont inspirés de solutions originales et créatives conçues par les diverses tribus « primitives » peuplant les cinq continents.

En tant que thérapeute, l'expérience quotidienne m'incite à croire qu'outre la parole et ses nombreuses vertus thérapeutiques, de mini-rituels, posés de manière stratégique, permettent aussi de se dégager avec succès des influences transgénérationnelles.

Bibliographie de l'auteure

Élisabeth Horowitz (2000), *Se libérer du destin familial*, Éditions Dervy, Paris.

Élisabeth Horowitz (2002), *Se libérer du temps généalogique*, Éditions Dervy, Paris.

Élisabeth Horowitz (2003), *Sous l'influence du destin familial*, Éditions Dervy, Paris.

Élisabeth Horowitz (2004), *La maladie, une mémoire généalogique*, Éditions Dervy, Paris.

Élisabeth Horowitz (2005), *Les fantômes du passé*, Éditions Dervy, Paris.

Élisabeth Horowitz (2006), *L'enfant et l'arbre généalogique*, Éditions Dervy, Paris.

Élisabeth Horowitz (2008), *Derniers soupirs, grands secrets*, Robert Laffont, Paris.

Élisabeth Horowitz (2011), *Freud express*, Albin Michel, Paris.

Élisabeth Horowitz (2012), *La Psychogénéalogie*, Ixelles Éditions, Bruxelles.

Élisabeth Horowitz (2012), *Les nouveaux secrets de famille*, Ixelles Éditions, Bruxelles.

Élisabeth Horowitz (2013), *La Chronogénéalogie*, Éditions Hachette, Paris.

Élisabeth Horowitz (2014), *Les actes libérateurs*, Éditions Dervy, Paris.

Élisabeth Horowitz (2015), *Les actes symboliques*, Éditions Jouvence, Genève.

Élisabeth Horowitz (2015), *Le transgénérationnel dans la vie des célébrités*, ouvrage collectif, Écodition, Genève.

Élisabeth Horowitz (2015), *Pratiquer la pensée sauvage*, Éditions Dervy, Paris.

Myron Eshowsky, MS de psychologie, consultant, guérisseur chamanique et éducateur. Il est co-développeur du programme de Soins de Santé Sociale pour les Réfugiés syriens, qui fournit des services directs et des formations dans le traitement des traumatismes.

De 1987 à 1994, il a travaillé comme guérisseur chamanique dans un centre de santé mentale communautaire. Il a introduit l'approche chamanique dans des prisons, des hôpitaux, des services sociaux pour des jeunes à risque, et des centres de santé mentale. Il a publié une douzaine d'articles sur ces sujets ainsi qu'un livre : *La Paix avec le cancer : le chamanisme comme une approche spirituelle de la guérison*, (Shoshana Publishing). Pendant ces trente dernières années, il étudié les méthodes traditionnelles de guérison des traumatismes et de résolution des conflits. Il consulte et enseigne aux États-Unis, Canada, Afrique, Moyen-Orient et Europe.

Son site Internet : www.myroneshowsky.com

V

Les histoires qui n'en finissent pas : guérir les traumas transgénérationnels collectifs

Myron Eshowsky

Historiquement, les chamans ont toujours été considérés comme des médiateurs entre la vie du monde ordinaire et le monde extraordinaire des esprits. En plus d'être des guérisseurs, leur volonté de rétablir l'équilibre et l'harmonie de l'âme collective du groupe nous rappelle le rôle essentiel que les chamans jouent dans la vie de la communauté. Dans cette perspective, l'histoire n'est pas quelque chose du passé, mais plutôt quelque chose de très vivant en nous et autour de nous. En fait, les chamans ont toujours abordé l'histoire et les enjeux transgénérationnels pour apporter l'harmonie ou la guérison.

Introduction

Ce chapitre explore des aspects de la vision du monde chamanique et comment certains points de vue déterminent l'approche chamanique des traumatismes transgénérationnels et leur guérison. Ici, l'utilisation de cérémonie rituelle est au cœur de la guérison des traumatismes. Comme Lisa Schirch l'a remarqué, les sociétés autochtones « semblent préférer les symboles et les rituels de communication contrairement aux sociétés industrielles occidentales qui préfèrent les modes de communication plus directs.[1] »

Pour transcender et guérir les héritages transgénérationnels de traumatismes, il faut d'abord en être conscient. Et justement, les rituels permettent de rendre visible les histoires secrètes, cachées, niées, ou inaccessibles à notre connaissance. Par leur nature, ces rituels sont transformateurs. Ils remettent en cause et changent le statu quo. Symboliquement, ils sont un passage vers une nouvelle perspective, un nouvel ensemble de valeurs, ou une nouvelle structure dans la vie de la communauté. En devenant conscients de ces histoires, nous pouvons alors faire des choix clairs, prendre des mesures pour honorer les leçons du passé et nous projeter dans un nouveau rêve pour les générations futures. De cette façon, nous vivons ce précepte traditionnel, « Guérissez sept générations en arrière et associez vos actions présentes aux sept générations à suivre. »

Le contexte rituel parle de manière symbolique et influence les émotions et les pensées des gens. Les spécialistes des traumatismes tels que Peter Levine, Bessel van der Kolk, David Berceli et d'autres nous rappellent que les expériences traumatiques sont stockées dans notre corps et nos sens. Ces expériences sont souvent bien au-delà de notre capacité à les mettre en mots. Le point de vue des autochtones est que, dans les rituels, les humains communiquent principalement à travers leur corps, les sens et les émotions plutôt qu'avec

---

[1] Schirch, Lisa (2005), *Ritual and Symbol in Peacebuilding*, Kumarian Press, Bloomfield, Ct.

des mots. C'est ce que Paula Gunn Allen[2] a décrit dans son livre *The Sacred Hoop*, les rituels autochtones « transforment quelque chose d'un état ou condition à un autre. » Pour elle, « Les distractions de la vie ordinaire doivent être mises au repos et les émotions redirigées et intégrées dans le contexte cérémonial de sorte qu'une plus grande attention puisse devenir pleine conscience et opérante. De cette façon, les participants deviennent littéralement un avec l'univers, car ils perdent la conscience de la simple individualité et partagent la conscience qui caractérise la plupart des lois de l'être. Bientôt le souffle, le rythme cardiaque, la pensée, l'émotion, et la parole sont un. »

La représentation du monde chamanique

Les éléments qui caractérisent l'approche chamanique de la guérison des traumatismes transgénérationnels sont les suivants :

1. Toutes les parties du monde sont interconnectées, à tous les niveaux de la réalité, allant du physique au spirituel. Tout ce qui arrive à une personne affecte toutes les autres, et ce qui arrive aux autres affecte l'individu à tous les niveaux.

2. Les objets perçus par les sens humains sont des manifestations locales de plus grandes structures énergétiques.

3. Dans la maladie, ce qui est imperceptible aux sens est aussi important que ce qui est mesuré et validé par les sens.

---

[2] Gunn Allen, Paula (1992), *The Sacred Hoop: Recovering the Feminine in American Indian Traditions*, Beacon Press, Boston, p. 80

4. La conscience est omniprésente ou, en d'autres termes, « chaque chose est en vie ».

5. L'ensemble de l'univers est sacré, a un but et du sens.

Dans la conscience chamanique, les histoires non cicatrisées du passé ancestral existent dans l'espace spirituel et sont considérées comme des facteurs engendrant la maladie et les conflits au sein de la communauté. Nous payons les dettes du passé. Si nous n'avons pas effacé l'ardoise, une loyauté invisible nous pousse à répéter un moment de joie ou de tristesse insupportable, une injustice ou une mort tragique. Les rituels chamaniques portant sur ces maladies traumatiques offrent aux vivants - comme aux morts – une possibilité de transformer ces héritages au niveau collectif.

Contrairement à la psychologie occidentale qui tend à voir les traumatismes transgénérationnels comme une réponse individuelle, les chamans voient les effets du traumatisme comme une expérience collective qui réclame une guérison du groupe et des rituels de purification. En outre, les effets spirituels des traumatismes sont considérés comme transcendant l'espace et temps. En Afrique, le royaume des ancêtres est un monde parallèle qui est aussi le royaume de l'enfant à naître ; où la naissance et la mort se côtoient au sein d'un même cercle, ou « cercle magique » de la vie. C'est là que notre destin, notre sens le plus profond des significations, sont déterminés avant notre naissance. L'initiation implique de traverser la rivière à cet endroit intemporel pour nous rappeler notre objectif initial. Les traumas transgénérationnels sont considérés comme relevant de la responsabilité de chacun d'entre nous à guérir et libérer les ancêtres d'un héritage non intégré, non cicatrisé.

Parfois, les héritages ancestraux en manque de guérison sont rattachés à la dimension spirituelle de certains lieux. En allant en deçà des apparences, l'esprit d'un lieu peut révéler le contexte de l'histoire en attente d'être guérie. D'un point de vue chamanique, les traumatismes transgénérationnels sont des blessures de l'âme, ayant eu lieu dans l'âme, ou dans l'esprit, autant individuelles que collectives. Toutes les formes de maladies et de guérisons sont ici considérées sous un angle spirituel.

Toni Morrison évoque ce monde parallèle dans son livre *Beloved*, lorsqu'elle tente d'expliquer à sa fille Denver que, même si l'émancipation est survenue dans le temps historique, dans le monde de l'esprit, la plantation où travaillaient ses ancêtres est toujours présente et inchangée : « Il y a des choses que vous oubliez. D'autres choses que vous ne faites jamais [...] Les lieux, les endroits sont encore là. Si une maison brûle, elle a disparu, mais le lieu, l'image de celui-ci, reste, et pas seulement dans ma mémoire, mais là-bas dans le monde. Ce dont je me souviens est une image flottante là-bas en dehors de ma tête. Je veux dire, même si je n'y pense pas, même si je meurs, l'image de ce que je faisais, ou savais, ou que j'ai vu est toujours là, exactement à l'endroit où c'est arrivé [...] Où j'étais avant de venir ici, est un endroit réel. Il ne va jamais loin. Même si l'ensemble de la ferme, tous les arbres et tous les brins d'herbes sont morts[3] ». Les lieux, avec les couches de roches sur lesquels ils reposent, contiennent sous une forme de « rêve infini » les souvenirs du temps, toujours présents.

---

[3] Morisson, Toni, (1987), *Beloved*, Alfred Knopf, N.Y. p.36.

Pour comprendre comment les histoires non intégrées ou non guéries se transmettent, il est utile de faire référence aux catégories évoquées par l'anthropologue Frank Clements[4] :

L'intrusion d'objet : c'est la croyance qu'un objet a pénétré dans le corps. Il peut envahir le corps à l'occasion d'un événement aléatoire, ou il peut y être placé par quelqu'un qui veut causer des souffrances. La thérapie pour ce type de maladie est la suppression de l'objet en l'extrayant par une coupure, un saignement, ou par la succion.

La perte de l'âme : c'est la croyance que l'âme a été perdue. Cela peut facilement s'observer lors d'une dépersonnalisation et quand la personne a perdu le contact avec la réalité.

L'intrusion d'un esprit : c'est la croyance que la maladie est causée par une entité extérieure qui a envahi la personne. Cela s'observe par exemple lors des troubles dit de « personnalités multiples »

Transgression d'un tabou : La maladie provient de la culpabilité générée lorsqu'un individu viole une règle de la société.

Sorcellerie : Maladie qui se produit lorsqu'une personne de pouvoir inflige délibérément une maladie physique, psychologique ou spirituelle.

---

[4] Clements F.E. (1932), *Primitive concepts of disease*, University of California Publications in Archeology and Ethnography, 32, 85-252.

Dans cette vision du monde, le côté sombre de l'histoire se répète tant que les éléments non guéris du passé restent présents ; des schémas répétitifs peuvent se nicher dans des lieux spécifiques. Un exemple frappant se trouve dans la région du Kosovo, une zone des Balkans où des conflits ont éclaté lors de la dissolution de la Yougoslavie. Auparavant, cette région avait déjà été le théâtre du début de la Première Guerre mondiale, ainsi que, au Moyen Âge, l'endroit de la guerre entre les Ottomans (Turcs musulmans) et les Serbes (chrétiens orthodoxes) pour la suprématie dans les Balkans. La bataille de Kosovo en 1389 avait pris fin le 28 juin avec la victoire des Ottomans sur les Serbes. Et c'est à la date anniversaire de cette défaite qu'un militant serbe a tué l'archiduc Franz Ferdinand en 1914 pour venger l'humiliation de la Serbie - ce qui a changé toute la géopolitique de l'Europe. Et, assez étonnamment, c'est à cette même date, en 1989, pour le six centième anniversaire de la Bataille de Kosovo, que Slobodan Milosevic, président de la Serbie, invoqua l'histoire pour appeler aux armes dans les conflits des Balkans : « Plus jamais l'Islam n'asservira les Serbes ».

L'histoire collective non guérie d'un peuple peut également se manifester dans des conflits entre divers groupes tribaux, raciaux, religieux, ou ethniques. À titre d'exemple, pour les hommes noirs aux États-Unis, la prison peut incarner le lieu d'un conflit spirituel. Certains noirs américains y revivent l'ancienne histoire des cales du navire négrier. Cela peut générer un processus spirituel susceptible de les transformer, ou de dévorer leur âme.

Pour illustrer comment l'histoire cicatrisée peut se manifester dans des lieux, des groupes ou des individus, voici quelques exemples de cas où la guérison chamanique et le travail rituel ont été utilisés pour apporter la guérison et, dans certains cas, rétablir la paix et l'harmonie.

Guérison collective d'histoires traumatisantes

1. Drames sur une terre traumatisée

Les crimes du tueur en série Jeffrey Dahmer, alias le « cannibale du Milwaukee », ont traumatisé des dizaines de famille et des gens du quartier, laissés avec un profond sentiment de honte et de chagrin. Ses perversités sexuelles, de mutilation et de meurtres macabres, avaient retenu l'attention des médias internationaux. Après son arrestation, le bâtiment où les massacres avaient eu lieu a été démoli en 1992. Au printemps 2000, un rituel œcuménique a été organisé pour une commémoration et pour apporter la guérison à l'endroit de cette tragédie. Les gens espéraient une sorte de service spirituel pour apporter la guérison et redonner vie au quartier. L'association de quartier était d'abord embrassée à l'idée d'un service œcuménique ouvert à tous, et plus tard, elle demanda que ce service ne soit pas public. Ils craignaient que l'attention publique ne génère davantage de honte.

Dans mes voyages chamaniques préparatoires, les esprits ont présenté le problème sous la forme d'un lieu qui avait trop de feu, et indiqué que l'eau était nécessaire pour bénir la terre. Le voyage a aussi montré la présence plus ancienne de nombreux morts - des indigènes ayant auparavant vécu à cet endroit.

Lorsque fut venu le moment de la cérémonie, les officiants attendus ne sont pas venus, à part un prêtre catholique, le Père Paul. Il ne restait que nous deux pour orchestrer le rituel. Ne sachant pas ce qu'il pourrait offrir pour orchestrer le rituel, je lui ai suggéré de bénir la terre avec de l'eau. Quand nous sommes arrivés sur place, le sentiment de mort était accablant. L'endroit était dépourvu de toute vie végétale. Un arbre mort et des mauvaises herbes desséchées côtoyaient des gravats et des pierres. Rien n'y était vivant. Spirituellement je sentais beaucoup de fantômes et je pouvais entendre les fantômes amérindiens qui disaient à plusieurs reprises : « Apportez-nous la paix, apportez-nous la paix ! » Des gens du quartier, des membres des familles qui avaient perdu des êtres chers assassinés par Jeffrey Dahmer, et d'autres personnes de la communauté se sont rassemblés pour apporter la guérison dans cet endroit. Lorsque j'ai invoqué le cercle, j'ai demandé à tous de parler avec le cœur. Beaucoup de larmes coulaient. Ces larmes furent l'eau de guérison pour cette terre, ainsi qu'une marque de respect et de souvenir pour les vies perdues. Au fur et à mesure que les gens partageaient leur douleur, leur honte et leurs prières pour la guérison, d'autres personnes de la région sont venus regarder. Elles se sont approchées et nous ont remerciés pour ce que nous faisions et ont demandé si elles pouvaient participer.

Après que le père Paul a béni la terre avec de l'eau, chaque personne a reçu de l'eau et des semences à offrir pour la guérison de ce lieu. Pendant ce temps, au milieu de ces décombres, j'ai mené les âmes des esprits désincarnés dans les royaumes supérieurs. Sur ces entrefaites, un professeur d'histoire qui vivait dans le quartier est venu partager une histoire qui donnait un autre sens à notre présence ici : « Cet endroit à Milwaukee est le point culminant de la ville. Dans les temps anciens, les Indiens de la région se réunissaient à cet endroit pour organiser des cérémonies de paix quand il y avait des conflits. Au début des années 1800, lors d'un de ces conseils de la paix, les troupes américaines ont massacré des centaines d'indiens qui étaient rassemblés ici. » Cet endroit fut le témoin d'un massacre de masse. Plus tard, un immeuble y a été construit, immeuble dans lequel Jeffrey Dahmer a vécu et qui fut l'endroit de beaucoup de ses meurtres. Selon ce professeur, cet endroit restait, du point de vue des Indiens et jusqu'à ce qu'il soit guéri, un lieu de massacre. Après qu'il nous a raconté cette histoire, nous avons prié pour les esprits des morts qui y étaient piégés, demandant la fin de leurs souffrances et qu'ils soient libérés de la terre. Chacun a reçu un peu de tabac pour faire cette prière à la manière des Amérindiens et l'offrir à la terre.

Cette cérémonie de guérison montre comment d'anciens événements non intégrés peuvent créer un « esprit du lieu » qui influe sur la répétition d'histoires similaires. Il était important de se connecter avec les racines du problème (le massacre des Indiens) non seulement pour fournir une explication au drame que rejouait une personne, mais aussi pour empêcher ces choses de se répéter.

2. La reconnexion au grand-père

Grâce à une subvention, des adolescents du monde entier ont été invités à participer à une *Conférence internationale de la jeunesse et de la paix* qui a eu lieu simultanément à la *Conférence internationale annuelle pour la résolution des conflits* à Saint-Pétersbourg, en Russie. Parmi les participants des États-Unis se trouvaient des membres de gangs de South Central Los Angeles et de jeunes Indiens des Pueblos du Nouveau-Mexique. A l'échelle internationale, il y avait des jeunes d'Israël, de Palestine, d'Afrique, d'Inde et de Chine.

Un jeune Indien se démarquait en particulier. Il portait un chandail à capuche surdimensionné qui cachait son visage. Il portait constamment des lunettes de soleil, à l'intérieur comme à l'extérieur, et il était toujours en train d'écrire sur son carnet de notes. Je savais qu'il m'observait et qu'il s'intéressait à la formation offerte sur l'approche chamanique de la paix et de la guérison. Après plusieurs jours, il est venu me demander un travail de guérison. Ray (pseudonyme) était en sevrage d'héroïne et était venu à la conférence sans avoir partagé avec quiconque ce qu'il vivait. Il avait caché toute sa détresse physique en se couvrant. Je lui ai dit que nous aurions besoin d'une grande énergie de groupe pour un rituel de guérison et il a accepté que je demande à d'autres jeunes de se joindre à nous.

Lors d'une cérémonie de guérison de minuit, environ septante-cinq jeunes nous ont rejoints pour nous aider, pour battre le tambour et assister à la cérémonie. Il leur a été expliqué que j'allais extraire l'esprit de l'héroïne en le dansant dans mon propre corps jusqu'à ce qu'il accepte de partir. En d'autres termes, j'allais accueillir en moi cet esprit et le danser, mais personne ne lui accorderait d'attention de telle sorte qu'il perde de son pouvoir et s'affaiblisse, et que les esprits (mes guides) libèrent la terre de sa présence. Donc, la consigne était d'éviter de me regarder pendant que je dansais l'esprit de l'héroïne. L'esprit de l'héroïne s'est manifesté par le cliquetis du squelette, ce que j'appelle un « esprit de mort » car il dévorait la force vitale de Ray. Plus tard, plusieurs jeunes ont dit avoir entendu le bruit des os qui s'entrechoquent.

Une fois extrait, l'esprit de l'héroïne s'est manifesté en moi sous la forme d'une danse à laquelle Ray s'est joint. Il a dansé avec moi au rythme des tambours. L'esprit de l'héroïne avait comblé une grande partie du vide laissé en lui par la perte d'âme, et un voyage traditionnel de recouvrement d'âme a été entrepris. J'ai commencé à lui montrer la danse et il s'est mis à trembler. Nous avons rapidement entamé ce que, plus tard, il a qualifié de danse de l'Oiseau-tonnerre, danse que lui avait enseignée son grand-père quand il était petit. Lorsque le son des tambours s'est intensifié, il avait eu le sentiment de voler autour de la salle. Cela a duré des heures.

Plus tard, Ray nous a raconté qu'il avait vu l'esprit de son grand-père dans le cercle. Il a commencé à pleurer et à expliquer comment les traditions qu'il avait apprises petit avaient disparu et combien sa famille était brisée par la drogue et l'alcool. Il a raconté l'histoire de ses ancêtres, arrachés à leurs familles pour vivre dans les écoles indiennes. Il leur était interdit de pratiquer leur culture ou de parler leur langue. Son père avait été dans l'armée et quand il revint il n'était plus le même. Il se souvenait peu de son père, sauf de ses histoires d'alcoolisme et de violence. Son père a abandonné la famille quand il avait environ cinq ans. L'esprit de son grand-père lui avait dit que la danse le guérirait, lui et les vieilles blessures de la tribu, pour qu'il puisse aider son peuple.

Avant la cérémonie de guérison, Ray était dans le rejet de la culture traditionnelle et, à son retour aux États-Unis, il fit des efforts pour en savoir davantage sur ce que son grand-père avait essayé de lui enseigner. Je suis resté en contact avec Ray pendant quelques années : il n'a plus touché à la drogue, a terminé l'école secondaire et s'est inscrit à l'université pour devenir écrivain / conteur.

3. L'ours ancêtre

J'ai reçu un appel d'un aîné de la nation Ho Chunk, Tom, me demandant si j'étais prêt à effectuer une cérémonie de guérison pour les terres que la tribu avait achetées pour élever des buffles et chevaux. La tribu avait l'intention de fournir du travail aux adolescents qui devraient prendre soin des animaux tandis que les chefs spirituels tribaux leur enseigneraient les cérémonies traditionnelles. Mais rien ne marchait droit et il avait entendu parler de mon travail de guérison des lieux.

Le jour prévu, quelque chose me dit qu'il me fallait faire toute la cérémonie en hébreu Quand je suis arrivé sur place, j'ai vu que cela avait été une ancienne ferme d'élevage de chevaux, plutôt grande. Lorsque je suis entré dans le corps de ferme, il y avait près de 300 adultes et environ 20 adolescents ! Comme c'est souvent le cas, l'information avait circulé dans la tribu par l'intermédiaire de ce que l'on appelle en plaisantant le « télégraphe indien ». Les gens étaient venus pour accompagner la cérémonie pour la terre et soutenir les efforts entrepris pour travailler avec les jeunes. Un grand nombre de chaises avaient été disposées en cercle et nous nous sommes installés.

Tom m'a demandé d'expliquer comment j'avais appris à travailler avec les esprits et ce que nous allions faire. Je racontais que parce que j'étais juif, j'ai été victime de violence durant toute mon enfance et j'ai passé beaucoup de temps, seul, dehors. Durant ces moments je restais assis au milieu d'un grand cercle de chênes géants, tambourinant la terre noire jusqu'à ce que des esprits viennent me parler. J'avais appris de ma grand-tante, une « rêveuses » et guérisseuse, comment me connecter de la sorte. Elle me posait des questions sur ce que les esprits m'avaient appris et nous « rêvions » ensemble. Elle m'a appris que les lieux conservent les traces de ce qui s'y déroule, et combien cela peut affecter les gens.

Pendant que je parlais, beaucoup de gens avaient les larmes aux yeux. Je conclus en disant que mes prières m'avaient appris que cette terre était du clan de l'Ours et que l'esprit de l'ours endormi devait être réveillé pour utiliser la terre lors de la cérémonie. J'ai désigné un adolescent, en disant qu'il devait m'aider. En fait, il est apparu qu'il était membre d'une famille clan de l'Ours, ce qui était parfait pour la cérémonie.

À ce moment-là, un homme du Lakota, qui était en visite, me dit : « Votre histoire est mon histoire. Mon peuple a lui aussi connu un Holocauste. » Il s'est mis à pleurer et a raconté son histoire personnelle. Ensuite, un « Dine », Navajo, a répété les mêmes mots : « Votre histoire est mon histoire » et il a raconté son histoire. Après quatre heures de partages d'histoires, Tom a dissous le cercle en annonçant qu'il était temps d'aller déjeuner.

Après le déjeuner, les jeunes ont aidé les personnes âgées pour que chacun puisse se rendre sur le site de la cérémonie. C'est la façon dont les Indiens font preuve de respect et prennent soin de leurs aînés. Une fois réunis, tandis que j'entamais un chant appelant les esprits en hébreu, un faucon a atterri au milieu du cercle et y est resté pendant toute la cérémonie. Puis l'adolescent à qui j'avais demandé de l'aide pour la cérémonie m'a accompagné dans la recherche d'un lieu propice pour le réveil de l'ours. Lors de cette promenade, nous avons trouvé un monticule-ours inconnu de la tribu. Nous avons répandu du tabac à cet endroit et j'ai adressé à l'esprit de l'Ours une chanson en hébreu, lui demandant de se réveiller et, en lien avec le sacré, de rendre à la terre son intégrité.

Quand nous sommes rentrés, le faucon s'était envolé et Tom m'a dit : « J'ignorais que vous connaissiez Ho Chunk. Cette chanson que vous avez chantée c'était une chanson de Ho Chunk. » Il a commencé à la chanter et cela sonnait juste. Puis l'aîné des Dine a dit : « J'ai cru que vous chantiez en Dine. » Et il a commencé à chanter la chanson en Dine. Alors une vieille femme Ho Chunk qui souffrait d'extrême démence s'est levée et a dit : « Je ne suis pas du clan de l'Ours, mais quand j'étais une petite fille, je me souviens avoir entendu les chansons du clan de l'Ours. » Alors elle a commencé à chanter cette ancienne chanson. Puisqu'il ne la connaissait pas, j'ai suggéré à l'adolescent de l'apprendre et, dès qu'il l'a sue en entier, la vieille femme s'est rassise, de nouveau en proie à sa confusion.

Les semaines suivantes, la tribu a pu faire plusieurs cérémonies avec les jeunes et rétablir des liens avec les ancêtres, et même avec l'ancêtre de l'ours des lieux. Les Chunk Ho avaient été enlevés de force par les troupes US au XIXe siècle. Personne n'avait invoqué les esprits de cette terre depuis une longue période. La cérémonie avait levé les obstacles qui avaient saboté toutes les précédentes tentatives pour transmettre les méthodes traditionnelles aux jeunes Ho Chunk.

4. Maîtres et esclaves

Je suis assis dans une pièce avec 50 adolescents afro-américains, travaillant sur les moyens de rétablir la paix. Beaucoup étaient membres des Black Gangster Disciples. L'école m'avait invité à faire une présentation. Ils essayaient de créer un programme d' « alternatives aux conflits ». Les jeunes savent quels sont leurs problèmes et il est important de les écouter. Souvent, ils ont beaucoup d'idées sur ce qui leur est nécessaire. Certes, ils soulèvent de nombreuses questions qui tombent dans la catégorie de la « justice sociale », mais beaucoup de ces questions sont personnelles et d'ordre spirituelles. Quand je leur ai parlé du chamanisme, les questions ont été : « Comment pouvons-nous trouver un esprit ? » « Nous avons besoin de pouvoir spirituel ». « Nos problèmes sont si grands que seul Dieu pourrait les résoudre. »

J'ai parlé du voyage chamanique et je leur ai proposé de faire un voyage collectif sur ce qui leur était nécessaire pour apporter la guérison et la paix. Etonnamment, beaucoup en sont revenus en évoquant des voyages qui parlaient des blessures en lien avec l'esclavage. « Nous ne sommes pas des esclaves, nous ne voulons plus être des esclaves pour personne » était un thème commun. Un des participants a eu la vision d'une danse pour évacuer ce conflit. Le thème qui ressortait le plus de leurs voyages était le besoin de créer un rituel pour guérir les blessures en lien avec l'esclavage.

Pour ce rituel, certains d'entre nous ont battu la mesure pour ceux qui souhaitaient danser. J'ai invité les danseurs à voyager vers les ancêtres esclaves et de les laisser mener la danse. Quand la danse a commencé, elle était agressive et rapide. Puis, certains ont commencé à trembler, comme si les esprits prenaient le contrôle, alors qu'un chant rythmique a commencé à émerger. La danse s'est transformée pour devenir plus fluide. Toujours forte et féroce, elle n'avait plus l'agressivité du début. J'ai encouragé plusieurs des garçons à se joindre aux danseurs.

Plus tard, les danseurs décriront que c'était comme si quelque chose avait pris le dessus sur eux. Ils voulaient que je leur dise ce qui était arrivé. Je ne pouvais pas. Je leur ai demandé ce qui se passerait s'ils dansaient la « réputation », le « respect », et la « vengeance » au lieu d'être dans des passages à l'acte. J'ai insisté sur ces mots qui sont des mots-clefs dans leurs sentiments d'identités.

Au cours des échanges qui ont suivi, un conflit entre deux garçons a éclaté. J'ai demandé si nous pouvions travailler en groupe sur ce conflit. Ils étaient d'accord. Tout en dansant leur danse, j'ai voyagé avec un autre garçon vers les esprits de ceux qui étaient impliqués. Comme nous dansions, d'autres ont commencé à se joindre au voyage et ont demandé des conseils sur ce qu'il fallait faire pour changer la danse. Après un certain temps, ils ont commencé à entrer dans la danse et à la modifier. Leurs changements ont produit d'autres mouvements, quelques mots, ou une chanson entière, tout ce qui pouvait leur venir. Pour finir, nous avons fait entrer dans la danse les deux garçons en conflit afin qu'ils participent. Plus tard, ces deux garçons ont exprimé leur surprise tellement la danse leur a semblé « réelle ». Je leur ai demandé s'ils étaient toujours aussi en colère qu'auparavant. Ils ont répondu qu'ils ne l'étaient plus. Grâce à la danse il est apparu que chaque garçon essayait de contrôler et de dominer l'autre. Tout le monde pouvait comprendre qu'ils avaient rejoué l'un envers l'autre l'histoire du maître et de l'esclave. Lorsqu'on leur a demandé s'ils voulaient continuer et perpétuer cette histoire, ils ont tous deux secoué la tête, « non ». Le rituel chamanique a eu un effet guérisseur : il a libéré les garçons des anciens traumatismes qui avaient affecté leurs ancêtres, il les a aussi libérés de l'histoire transmise à leur génération, et leur a apporté la paix à tous.

5. L'esprit de guerre du père au fils

Dans la première année du conflit syrien, je me suis rendu au camp de réfugiés de Zaatari, dans le nord de la Jordanie. À cette époque, 140 000 réfugiés vivaient dans des tentes fournies par le HCR. La terre y est aride et rocailleuse. Ce jour-là, il y avait du vent et le sable piquait les yeux. On pouvait voir les démons de sable tourbillonner ici et là.

Je venais de passer plusieurs jours à interviewer des familles syriennes pour évaluer l'importance des traumatismes. À l'heure des smartphones et des ordinateurs, beaucoup d'entre eux me montraient des vidéos qu'ils avaient faites et qui témoignaient de la violence, ou des photos de cadavres des membres de la famille tués par le régime. Beaucoup soulevaient spontanément leur chemise ou baissaient leur pantalon, pour me montrer des blessures par balles ou des cicatrices de torture.

J'ai rejoint ce jour-là des clowns venus divertir les enfants et les familles. Des centaines de personnes se sont rassemblées autour d'eux et j'ai remarqué un petit garçon isolé, en train de sucer son pouce ; il se tenait en position fœtale, enroulé autour de la corde d'une des tentes du HCR. J'ai posé doucement ma main sur son dos et j'ai essayé de jouer à « taper des mains » avec lui. Je manquais délibérément ses mains et finalement il s'est mis à rire. Il portait le tee-shirt de John Cena, un lutteur professionnel, et j'ai été frappé par l'ironie de cette image de guerrier sur un enfant si vulnérable. J'ai aussi remarqué quelques ecchymoses sur son corps qui ressemblaient à des empreintes de mains. Je n'avais pas de traducteur pour m'aider si bien que nous communiquions à travers le monde du jeu et du toucher. D'une manière subtile, un changement d'état d'esprit s'est produit et j'ai ramené des parcelles d'âme dans son petit corps, tout en extrayant ce que les chamans appellent un « esprit de guerre. » D'une certaine manière, il s'était trouvé en bout de chaîne de ces manifestations de violence. Immédiatement après cette guérison spontanée, il s'est levé et a joyeusement commencé à jouer avec les autres enfants.

Je demandai à quelques personnes si quelqu'un savait où se trouvait sa famille. On m'a conduit à la tente familiale où j'ai rencontré sa mère. Elle m'a dit que le père était dépressif et violent depuis qu'ils avaient quitté la Syrie. Elle a reconnu qu'il l'avait frappée ainsi que le petit garçon. J'en ai parlé avec un fonctionnaire du HCR qui s'est arrangé pour que le père vive séparément de la famille, jusqu'à ce qu'une aide puisse être fournie. J'ai rencontré le père pour parler avec lui de ce qui se passait. Il était sombre et indifférent. Il a admis que ça le mettait hors de lui quand il pensait à tous les meurtres dont il avait été témoin et aux nombreux amis et parents, morts, qu'il avait laissés. Il voulait qu'on le laisse seul. Malgré les résistances du traducteur face à mes questions, j'ai pu lui demander s'il avait l'impression que quelqu'un d'autre - en lui - frappait sa femme et son fils. Sa réponse a été immédiate : « oui ». Je lui ai dit que c'était l'esprit de la guerre dont il avait été témoin, et je lui ai demandé si je pouvais le retirer. L'esprit de la guerre a été extrait, et je l'ai symboliquement enterré dans le sable. J'ai réussi à faire une subtile récupération d'âme en faisant comme si je mettais ma main sur son cœur en un acte de compassion. Il a dit qu'il ressentait du soulagement.

Nous avons parlé pendant un certain temps. J'ai dit que j'aidais les réfugiés à guérir des traumatismes et que j'aidais les enfants à ne pas devenir une « génération perdue ». Je lui ai dit que j'étais inquiet que si peu d'enfants aillent à l'école et qu'un très grand nombre d'entre eux avaient des problèmes de cauchemars, d'anxiété, de dépression. Il m'a dit qu'il comprenait à présent pourquoi il devait rester dans une autre tente que celle de sa famille et m'a invité à prendre le thé.

Parce que j'étais conscient de la transmission transgénérationnelles des traumatismes - dans le cas présent, cet « esprit de guerre », violemment insufflé dans le père - j'ai pu aider ce petit garçon et son père avec le concours du personnel du HCR qui a fourni la structure nécessaire pour réparer leur relation. Si l'extraction de « l'esprit de guerre » a heureusement calmé la situation, un processus de guérison allait toutefois être nécessaire pour prévenir de futures violences et faire renaître entre eux un sentiment de sécurité, de confiance, et de bienveillance.

Conclusion

Dans de nombreuses cultures chamaniques, un traumatisme transgénérationnel est considéré comme une forme de « perte de l'âme ancestrale », et se transmet sous les différentes formes que j'ai mentionnées : intrusion d'objet, intrusion d'esprit, transgression d'un tabou, et la sorcellerie.

Lorsqu'ils ne sont pas traités, ces traumatismes du passé nous déconnectent de nos racines, de notre famille et de notre propre sentiment d'appartenance. Comme la psychanalyste Anne Ancelin Schützenberger l'explique dans son œuvre-phare, *Aie mes aïeux*, nous sommes de simples maillons d'une chaîne de générations, nous revivons les événements et les traumatismes non intégrés de nos ancêtres.

Dans la perspective chamanique, les ancêtres sont toujours à la recherche de la paix et de la réconciliation. Réconcilier signifie « se rencontrer à nouveau ». Et grâce à la relation avec les esprits des ancêtres, nous avons la possibilité d'une complète rédemption, de restaurer les liens perdus et en guérir.

Guérir les traumatismes transgénérationnels exige une profonde capacité à accomplir des rituels symboliques. Ils aident à transformer l'espace, à communiquer avec ce qui est invisible, à changer notre regard sur le monde, les identités et les relations. Les actes rituels peuvent pénétrer au cœur des traumatismes transgénérationnel pour les guérir. Les rituels peuvent contourner les défenses et révéler des messages complexes, favorisant des prises de consciences transformatrices.

Bibliographie

Duran, Eduardo (2006), *Healing the Soul Wound: Counseling with American Indians and Other Native Peoples*, Teachers College Press, N.Y.

Eshowsky, Myron (1999), *Community Shamanism: Youth, Violence, and Healing*, New Village Journal for Building Sustainable Cultures, pp. 28-32

Eshowsky, Myron (2001), "The Spirit of Place and the Healing of History", *Shamanism Journal*, vol.14, no.2, pp.6-12

Gunn Allen, Paula (1992), *The Sacred Hoop: Recovering the Feminine in American Indian Traditions*, Beacon Press.

Mehl-Madrona, Lewis (1998), *Coyote Medicine: Lessons from Native American Healing*, Simon and Schuster Press, NY.

Morrison, Toni (1987), *Beloved*, N.Y., Alfred A. Knopf.

Schirch, Lisa (2005), *Ritual and Symbol in Peacebuilding*, Kumarian Press, Bloomfield, Ct.

Ancelin Schutzenberger, Anne (2009), *Aïe mes aïeux !*, Desclée de Brouwer, Paris.

Myron Eshowsky

Chamanisme & transgénérationnel

Iona Miller est une hypnothérapeute (ACHE), consultante et artiste multimédia. Elle jette des ponts sur le fossé culturel entre les arts et les sciences de la vie. Elle est membre du comité de rédaction du Journal of Conscience Exploration & Research, DNA Decipher Journal, Scientific God Journal, et du conseil d'administration de Board of Directors of Medigrace, Inc. & Calm Birth, un institut de médecine intégrale basé à Miami.

Mme Miller a travaillé au Southern Oregon Hypnotherapy, Fondation Asklepia, Institute for Applied Conscience Science, the Wisdom Center, Science-Art Research Centre Australia, Life Energies Research Institute, and Center for the Study of Digital Life. Elle coordonne le département Media & Wellness du Osborne Group (TOG).

Son site Internet : http://ionamiller.weebly.com

VI

Portes chamaniques : Arbre de famille et guérison transgénérationnelle

Iona Miller

« Tandis que je travaillais à mon arbre généalogique, j'ai compris l'étrange communauté de destin qui me rattache à mes ancêtres. J'ai très fortement le sentiment d'être sous l'influence de choses et de problèmes qui furent laissés incomplets et sans réponse par mes parents, mes grands-parents et mes autres ancêtres. Il semble qu'il y a souvent dans une famille un Karma impersonnel qui se transmet des parents aux enfants. J'ai toujours pensé que, moi aussi, j'avais à répondre à des questions que le destin avait déjà posées à mes ancêtres, mais auxquelles on n'avait encore trouvé aucune réponse, ou bien que je devais terminer ou simplement poursuivre des problèmes que les époques antérieures laissèrent en suspens. »
Carl Jung

Le processus d'intégration commence dès la première étape de notre voyage, qui consiste à « franchir le seuil » de la vie psychique intérieure, ouvrant la porte du royaume caché des ancêtres. À travers certains mimétismes (drames, rituels), et de manière psychobiologique, nous reprenons le voyage mythique de l'âme cherchant des réponses à nos propres questions. L'exploration psychogénéalogique est l'expérience du passage d'un seuil qui active des processus pouvant secouer notre arbre généalogique, conduisant à une intégration plus profonde.

La guérison chamanique rétablit le pouvoir, l'harmonie et l'esprit. Votre « chamane intérieur » établit ce pont entre le monde physique et celui de l'esprit. Dans les voyages chamaniques nous sortons de notre personnalité confinée pour « voir » l'âme et rétablir l'harmonie. Le modèle du chamane / thérapeute est une méthode globale qui combine de puissants rituels d'altération de la conscience avec la psychologie des profondeurs. Plus qu'un simple mélange, c'est un paradigme dans lequel la guérison survient.

Comme contribution à ce livre collectif sur les racines chamaniques de l'intégration transgénérationnelle, mon propos sera de rappeler l'importance dans la culture chamanique des expériences de passages, représentés par des Seuils, ou des Portes, comme un moyen d'accéder à la lignée familiale, aux ancêtres et à l'inconscient collectif, jusqu'aux origines.

La sagesse de Jung

L'exploration de l'arbre de famille mène à l'intégration transgénérationnelle. Elle nous permet de créer des images qui ne seraient autrement pas accessibles à notre conscience. Nous pouvons alors brosser une image élargie de notre famille, et créer les grandes histoires dont nous avons besoin pour nous nourrir et nous soutenir dans la vie moderne. Ainsi, nous transmutons l'héritage pour les générations futures.

Nous pouvons ouvrir les portes d'une dimension où travailler sur nos racines psychophysiques. Notre éloignement de nos ancêtres pointe le déclin moderne du dialogue, essentiel à notre bien-être. En remplacement de cet éloignement, nous proposons de reconnaître l'archétype des thèmes vitaux - l'âme du cycle de la vie.

Notre première expérience du processus de transformation réitère la naissance. Comme prototype du thème de la renaissance, elle peut être réactivée plus tard en tant qu'expérience religieuse ou spirituelle. « Vers le milieu d'une vie, une autre phase commence. Par ses expériences psychiques, l'ego surdéveloppé s'est tant éloigné de ses racines mythiques que la personne commence à ressentir un besoin de plénitude spirituelle, de donner un sens à sa vie. Pendant cette période, la personne contrecarre le sentiment croissant d'aliénation par un retour à des expériences intérieures ou vers des sources spirituelles et religieuses pour du soutien et sa réinsertion » (Edinger 1973, p. 37-71). « Si elle y parvient, le résultat est l'émergence d'une nouvelle identité, plus complète, appelée le Soi. Ceci est le point culminant d'actualisation personnelle ; le processus de développement personnel (appelé individuation) peut alors se poursuivre pendant le reste de la vie de la personne. » (Spotts & Shontz)

Le dialogue avec son destin est devenu clair pour Jung[1] lorsqu'il a étudié son arbre généalogique. « J'ai toujours senti que je devais répondre aux questions que le destin avait posées à mes ancêtres, ou que je devais finir des choses qu'ils n'avaient pas eu le temps d'achever ».

---

[1] Jung C.G. (1966), *Ma vie, souvenirs, rêves et pensées*, Gallimard, Paris. (p.283)

Nous réagissons aux images parentales inconscientes, fortement influencées par des fantasmes et des contenus archétypiques. Lorsque nous travaillons sur nos ancêtres les plus récents, et sur notre inconscient personnel dans l'arbre du monde de nos ancêtres communs, nous pouvons être surpris de constater qu'au-delà de l'époque médiévale nous nous heurtons à des personnages légendaires et mythologiques « comme si » nous descendions directement d'eux. Les généalogistes modernes ne prennent pas ces éléments au sens propre, mais ces liens nous fournissent des entrées vers les mondes légendaires qui sont ceux de la Quête du Saint Graal et de notre héritage mythique. Tandis que d'autres peuvent voir cela comme une simple fiction, nous pouvons l'entendre dans le sens qu'en donne Hillman, à titre de « fiction guérisseuse », une notion que nous pouvons provisoirement adopter. Ceci nous permet une relation plus personnelle avec les profondeurs de l'inconscient et avec notre propre archétype. Jung a fait sculpter une devise sur le seuil à son domicile à Küsnacht, *vocatus atque non vocatus deus aderit*, qui signifie : « Appelé ou non appelé, le dieu sera présent. » Cela implique que nous entrons dans un espace sacré. L'ego est ici contesté par un autre moyen de connaissance lorsque nous secouons notre arbre généalogique et trouvons des pièces manquantes de nous-mêmes au sein de nos ancêtres. Les adultes orphelins, un sujet pas souvent abordé, peuvent trouver un réconfort particulier en travaillant sur leur arbre, et renouer avec ce qu'ils pensaient avoir perdu, de façons nouvelles et profondes.

Franchir le seuil

Le franchissement des seuils se réfère à des phénomènes non matériels. Par exemple, un seuil psychique se réfère au lieu de transition d'une croyance à une autre ou au passage d'un état de conscience à un autre. Ainsi le seuil est à la fois le lieu et le processus. Comme lieu, il est le point qui marque la frontière entre deux régions opposées (Barrie, 1996) une transition ; comme processus, le seuil tient ensemble la tension inhérente à la dualité et au paradoxe (Eliade, 1987). L'entrée est l'ouverture d'un état ou d'une action (Oignons, 1955). Le seuil est un puissant lieu de communication entre des mondes opposés qui se trouvent de chaque côté de celui-ci - le monde temporel profane de l'histoire du monde, des affaires humaines et des événements, d'un côté, et le monde sacré de l'âme ou la psyché de l'autre (Eliade, 1987).

Franchir un seuil peut aussi impliquer un changement vers un état préféré. Les guérisseurs Kung appellent ce seuil « au-delà de kia ». Il s'agit d'un état de transe qu'ils atteignent à travers la danse, le chant, et la concentration.

Hautement significatives, des sculptures sur des murs que l'on trouve dans les églises et les châteaux d'Irlande, représentant parfois des sexes féminins. Ces « Sheela-Na-Gig » font aussi penser à des portes vers d'autres réalités. Le seuil est l'entre-deux zone où le passage d'une sphère ou d'une manière d'être à une autre est rendu possible. Intérieur et extérieur, sacré et profane, psyché et matière, conscient et inconscient, sont parmi les « régions » importantes que le seuil divise en deux et rassemble à ses frontières. Dans son essence, le seuil est le centre stable qui sert d'intermédiaire et qui contient la tension des contraires ; il est un lieu de possibilités où les deux parties ont le potentiel d'être vues et où l'énergie a la possibilité de circuler dans les deux sens. (Buck, 2004)

La sagesse traditionnelle dit, « celui qui oublie ses ancêtres est un arbre sans racine. » En combinant le personnel, familial, et les talents collectifs nous transformons notre destinée en analysant et en intégrant les schémas familiaux. Si nous sommes chanceux, nos aînés encore de leur vivant nous ont transmis à la fois la famille factuelle et celle imaginaire (ancêtres légendaires, des histoires de famille déformées, les aveuglements et les malentendus). Si le rituel est un canal vers les ancêtres, la psychogénéalogie est un tel rituel, littéralement et métaphoriquement.

Dans *La Terre a une âme,* Jung dit « En outre, les âmes de mes ancêtres se nourrissent de l'atmosphère de la maison depuis que je réponds pour eux aux questions que leurs vies avaient laissées derrière elles. Je formule des réponses du mieux que je peux. Je les ai même dessinées sur les murs. C'est comme si une plus grande famille, silencieuse, étendue à travers les siècles, peuplait la maison »

L'analyse transgénérationnelle est un voyage mythique. Le seuil est un archétype des commencements, les conditions initiales au dévoilement fractal de notre processus psychique. Le seuil nous invite à suivre l'appel de nos ancêtres et à commencer notre quête des significations plus profondes. Il peut y avoir plus qu'une crise, une naissance ou un décès dans la famille pour enclencher le processus. Les moments où nous sommes sur le seuil peuvent s'accompagner d'anxiété ou de tentatives ambivalentes.

L'intégration transgénérationnelle signifie se confronter à des blessures pour les guérir. Parfois il y a des obstacles et des épreuves. Certaines de nos filiations conduiront à des impasses ou vers d'impénétrables murs. D'autres vont tout simplement disparaître. Les seuils de la vie comprennent la douleur de la mort, l'angoisse de la naissance et l'appréhension de l'inconnu. La famille est le navire initiatique dans lequel notre psychisme brut est alchimiquement cuisiné et transformé. Nous récupérons ce qui fut perdu.

Comme pour une initiation chamanique, nous commençons en passant un premier seuil. Au départ, nous ne devons pas être concernés par les questions thérapeutiques. Les guérisons sont les conséquences naturelles du processus. Vous ne devez même pas essayer d'entrer dans un état particulier. Le processus vous transportera dans un travail créatif sur les problèmes de la vie, les défis généalogiques afin de les intégrer.

Notre première rencontre avec nos ancêtres peut être la plus significative. Nous pouvons de suite rencontrer les questions fondamentales avec nos plus proches parents - l'ombre de la famille. Il y aura de la tragédie et des traumatismes dans votre arbre de famille - au-delà du choc, de la honte et de la culpabilité. Nous pouvons être sur le point de transmettre ces traumatismes aux prochaines générations, de manière épigénétique ou par des comportements toxiques.

L'investigation transgénérationnelle peut aussi apporter la guérison par la découverte et la résolution des vieux secrets ou mystères. Franchir le seuil du retour c'est donc aussi partager ce que nous avons trouvé avec la famille et peut-être avec le monde. Nous pouvons trouver de nouvelles manières créatrices de vivre avec et à partir de cette connaissance. Qu'est-ce que vous protégez ? Qu'est-ce qui vous hante ? Quels secrets de famille avez-vous trouvés, conservés ou partagés ; qu'est-ce qui vous a trouvé ?

La perte des ancêtres peut être comparée à la perte d'âme. La connaissance de l'âme inclut ce que nous sommes et d'où nous venons. Ceci est la fondation sur laquelle le seuil est construit. Une telle connaissance est autrement inaccessible à la conscience ordinaire de l'ego. Franchir le seuil peut être une affaire sérieuse, qu'il vaut mieux approcher avec respect. La tombe peut aussi être un seuil en tant que point de passage.

L'exploration de l'arbre généalogique peut être considérée comme un projet de guérison. Comme un rituel qui nous enracine et manifeste le pouvoir spirituel. Il nous relie à la sagesse des anciens et à notre subconscient. En nous remémorant nos ancêtres, nous leur donnons notre attention, contemplation et compassion.

De telles techniques sont les seuils qui fonctionnent comme des Portes des Morts, que les sociétés chamaniques ont toujours trouvées pleines de pouvoir. Nos ancêtres sont une partie intégrante de l'esprit universel. L'épigénétique partage cette vision qu'un changement dans l'expression des gènes de l'ADN – activant ou désactivant les gènes - peuvent changer tout le système. Si un seul traumatisme peut créer une plaie, alors un acte de guérison peut aussi transformer l'ensemble.

Lorsqu'il décrit le voyage héroïque, Joseph Campbell parle du « franchissement du seuil » comme d'une initiation qui mène au-delà de l'ordinaire vers l'inconscient collectif. Nous ne les traversons pas qu'une fois, mais encore et encore en repoussant les limites précédentes. Nous découvrons des synchronicités, des signes comme des doigts pointant vers la lune.

Nous laissons nos limites connues et nous nous aventurons dans l'inconnu. L'analyse transgénérationnelle fournit un déroulement narratif pour un tel voyage de l'âme. C'est le commencement de notre manière personnelle - une synthèse de tous les fils de la lignée - de retourner vers l'origine de toutes créations, nos ancêtres génétiques communs originels.

Sheela Na Ghi

La signification d'un seuil peut être précise ou ambiguë, un moment ou un processus. Nous pouvons présumer que les premiers seuils - les seuils sombres - étaient les bouches de grottes labyrinthiques, qui font écho à notre expulsion de l'utérus, avec tous les traumatismes de la naissance qui y sont associés, que Grof a décrit en tant qu' « états périnatals ».

Dans la tradition druidique et le folklore indigène, les Sheela Na Gigs représentent notre origine primordiale, la base de nos racines généalogiques et génétiques - l'essence féminine de la création qui expose ses organes génitaux.

Les Sheela Na Ghis sont souvent associées à des portes, ou seuils dans les îles britanniques. Leur signification est directement liée aux précédentes représentations de Déesses/Fertilité et du symbole de la Déesse des premières périodes préhistoriques et celtiques. Des Sheelah sont apparues au cours de la dernière partie de la période celtique chrétienne et à travers la fin du Moyen Âge. Aucune ne ressemblant à une autre, certaines peuvent êtres des reliques anciennes intégrées dans les bâtiments médiévaux.

Les Sheelah sont trouvées positionnées en tête d'ouvrage, ou en limite, au-dessus des portes, sur les fenêtres, ou lucarnes. Il y en a une qui est intégrée dans la paroi d'un couvent sur l'île sacrée de Iona en Ecosse. En tant que divinités ou déesses, elles ont été placées sur des églises, des châteaux et autres bâtiments importants de la période médiévale jusqu'à tout récemment. Elles agissent comme des symboles de protection, favorisant la chance et la fertilité. Certains de ces autels d'entrée ont des ouvertures, des traces de gaines et des signes d'objets provenant de la région génitale ou situés entre les jambes de la figure. Pour certains, les Sheela conjuraient le mauvais œil (Freitag).

Elles ont aussi été placées sur des portes d'églises et de châteaux, surplombant des puits sacrés ou des piliers d'entrée. Cela suggère qu'elles étaient des images très puissantes avec une valeur commune profonde, peut-être mélangeant le nouveau christianisme avec l'ancien folklore. Les Sheela Na Gigs peuvent avoir évolué à partir du symbolisme des déesses du néolithique, à l'âge du bronze et des périodes celtiques.

Pour Neumann (1972) les trois franchissements de seuils les plus importants et universels sont les processus de la naissance, la maturation et la mort. Dans la Chine ancienne, les nouveau-nés et les mourants sont placés à même le sol. Eliade dit : « Pour naître ou mourir, pour entrer dans la famille vivante ou dans la famille ancestrale (et pour quitter l'une ou l'autre), il existe un seuil commun, la Terre natale. » La terre elle-même décide si la naissance ou la mort est valide. Cette vraie mère donne la légitimité et confère une protection. Parfois, les malades sont enterrés pour une régénération et une renaissance. Une initiation qui nécessite une mort rituelle et la résurrection. Nous reconnaissons là un double mouvement : quand quelque chose est créé ou vient à la vie, nous devrions donner une offrande en retour à l'Ombre Divine, reconnaissant son autorisation pour que quelque chose vive, même pour un temps limité. Consacrer du temps et de l'attention à son arbre généalogique peut être une telle offrande.

Eliade (1987) décrit les racines chamaniques du symbolisme des seuils. Il représente non seulement la différence entre deux espaces, mais aussi entre deux façons d'être, et un véhicule de passage. Eliade dit, « Le seuil est la limite, la frontière qui distingue et oppose deux mondes - et en même temps l'endroit paradoxal où ces mondes communiquent où le passage du monde profane vers le monde sacré devient possible. »

Cette fonction rituelle s'étend aux seuils des habitations et aux maisons des morts. Dans l'ancien Moyen-Orient, le seuil était un lieu de jugement. Des sacrifices ou des libations aux divinités tutélaires ou démons y étaient offerts. Dans l'enceinte sacrée le profane est transcendé. La communication avec les profondeurs devient possible.

Le point de référence reste l'expérience de seuil, que nous pouvons associer à votre voyage psychogénéalogique, où nous quittons la conscience ordinaire vers le synchrone et le numineux. Marie-Louise Von Franz soutient cette idée : « Les événements de synchronicité se caractérisent par l'intrusion dans notre « état normal » de conscience d'un deuxième état psychique, qui reste généralement en dessous du seuil de conscience. Dans notre état de conscience normal, nous sommes rarement conscients du fait que le psychisme inconscient apporte une contribution substantielle à notre perception de la réalité et que nous ne pouvons jamais vraiment percevoir la réalité en tant que telle… »

Ceci est le travail de l'âme. L'arbre généalogique est comme une carte de la psyché - une carte du seuil archaïque au-delà duquel nos ancêtres nous attendent. Alors que nous passons par de nombreuses portes, le franchissement du premier seuil liminal est spécial. Franchir le seuil du retour est l'achèvement et accomplissement de notre quête : la recherche de soi-même.

La porte des morts

Divisant l'espace peuplé intérieur et extérieur, l'embrasure des portes signifie la transition et la transformation. Alors que le mot « portail » est devenu un mot à la mode New Age portant son lot d'absurdités, hors des mains des fabulistes il reste une profonde réalité psychique qui peut initier notre voyage spirituel. Nous pouvons entrer dans notre histoire transgénérationnelle par la généalogie avec un sentiment de révérence pour l'espace et le mystère sacré.

Notre passé ancestral détient la clé de notre propre mythe des origines - les vastes migrations et les défis épiques rencontrés par ceux qui nous ont portés dans l'éternel présent. À travers eux, nous sommes temporairement immortels. Tout notre être psychophysique, à la fois structurel et éphémère, est notre mémoire, personnelle et collective. Nous sommes informés par leur présence comme de leurs gènes. Ils peuvent s'aventurer au-delà des portes du sommeil dans nos rêves.

Soit la clé ; ouvre-moi

Portes ou portails ont souvent des gardiens. Imaginez que vous soyez le gardien du labyrinthe de vos filiations ancestrales et celles de vos générations futures. Que feriez-vous pour les nourrir, les entretenir, et les protéger ? Quelles méthodes intuitives et créatives pouvez-vous employer ?

Ouvrir la porte de votre arbre est comme une « méditation d'entrée », la première partie du voyage intérieur. Nous pouvons avoir le sentiment de répondre à un appel plus profond à décoder la chronique de notre existence. Nous pouvons trouver des personnages exemplaires qui incarnent des guides, l'ombre, l'anima et l'animus, et notre moi supérieur.

Quels secrets de famille pourriez-vous trouver derrière la porte ? La façon dont nous leur ressemblons est aussi importante que la façon dont nous leur sommes différents, ou souhaiterions leur être différents. Nous savons ces choses immédiatement lorsque nous confrontons leurs histoires. Il peut y avoir des impressions, des appréhensions, ou des symboles qui se révèlent petit à petit à notre esprit conscient.

Cela nous libère d'essayer de répondre à nos questions au niveau apparent des choses, sans aucune profondeur ni signification, en dehors de tout dialogue avec la vie. Cela ouvre des perspectives, et nous soulage de la plupart des discussions de tous les jours dans nos vies. Vous pensez peut-être que vous vivez « ici et maintenant », mais il y a des chances que vous rejouiez inconsciemment les problèmes non résolus de vos ancêtres. La nécessité d'aborder l'histoire de nos ancêtres répond d'une loi générale de la vie, pour devenir nous-mêmes. Il y a des preuves évidentes de ces anciens schémas qui « hantent » le présent, et qui attendent d'être consciemment intégrés.

Sur l'ancienne île de Iona, les morts ou les volontaires aux sacrifices ont été enterrés dans l'embrasure d'une porte pour empêcher les parois de s'effondrer - une autre forme d'offrande à l'Ombre Divine en échange du soutien existentiel. Beaucoup pensent que le lieu-dit Relig Odhráin a été utilisé régulièrement comme cimetière royal depuis le jour de la Sainte Columba. Il est devenu traditionnellement l'endroit des sépultures des Rois de Dalriada et d'Ecosse durant plusieurs siècles. Macbeth y repose, ainsi que quarante-huit rois écossais, huit norvégiens et quatre dirigeants irlandais. Les portes sacrées connectent les morts et les vivants, comme des frontières contrôlables qui forment des espaces « entre-deux ». Dans ces espaces non-conformes on invoquait le surnaturel pour avoir un contact avec les morts de l'Au-Delà, matériellement et métaphoriquement. Sur Iona, le voile entre les mondes est traditionnellement considéré comme « mince », facilitant la « seconde vue ». Jung disait que la « seconde vue » est un don qui fait porter le fardeau de la responsabilité. Mais nous devrions peut-être appeler cette vision « première vue », car elle est plus essentielle.

Filiations liminales

Votre propre généalogie et la poursuite de votre lignée et de votre nom fournissent une porte métaphorique pour se connecter et approcher les morts. Cette clé du labyrinthe de la connaissance de soi détient les réponses à l'éternelle question : « Qui suis-je ? » D'où nous venons est relié à l'endroit où nous allons. Comme Gaillard (2012) le montre, cette quête et la renaissance qui émerge à travers elle est le vrai message de Sophocle dans son chef-d'œuvre sur Œdipe.

Notre généalogie est un environnement avec des rites de recherche contemplative ou méditative, un travail de saisie, des synchronicités, de la documentation, l'initiation à des groupes généalogiques et de lignées. C'est une métaphore à travers laquelle nous pouvons élargir notre connaissance de soi. Chaque fois que nous apprenons sur un ancêtre, nous frappons à une porte. La connaissance est la clé qui ouvre la porte, l'expérience directe de la gnose. Notre attention anime leurs présences.

La porte contrôle l'accès et marque la frontière des espaces antagonistes et de confrontation ou une transition psychophysique de rôles sociaux. Cette architecture nous permet d'abandonner un espace pour le prochain. Portes et seuils sont donc étroitement liés aux rites de passage. Tous les franchissements d'un seuil n'impliquent pas un rituel liminal, mais l'opportunité d'implications sociales et métaphoriques y sont présentes.

L'âme prédit

Comme se souvenir du passé, la conscience de l'avenir dépend d'où vous obtenez vos informations dans une démarche intuitive. Si nous allons vers l'avenir, nous pouvons « voir » dans notre contemplation ce qui se passe en visualisant le problème. Comme décrit par le physicien Fred Alan Wolf et d'autres, l'avenir est déjà là, « au coin de la rue ». Certaines voies potentielles sont plus accessibles que d'autres, suivant le chemin de la moindre résistance, sauf si vous modifiez votre chemin de la moindre action.

Lâchez prise dans cette attention portée à l'avenir, vous dérivez intentionnellement dans un état crépusculaire. Il est inutile de le forcer. Vous pouvez potentiellement « défaire » les choses du passé et créer de nouvelles possibilités pour l'avenir. Il importe peu de savoir si de telles expériences, qu'il s'agisse de voyages chamaniques ou de quêtes de vision, sont « réelles » ou imaginées. Les effets sont réels et changent nos attitudes, lesquelles changent notre être.

L'espace psychique

Nous ne devons pas prendre ces expériences à la lettre, ni les rejeter. Si nous ne sentons rien, c'est qu'il n'y a rien. Nous devons juste faire un pas dans cette direction. Cela existe déjà là-bas pour que nous en fassions l'expérience, certainement en termes de guérison et de transformation. La foi et la confiance dans notre capacité à être sur la bonne voie augmentent cette créativité.

Il en est de même lorsque l'on se déplace dans la dimension de nos filiations. Comment décririez-vous votre relation avec votre grand-mère, avec vos femmes ancestrales ? Avez-vous déjà eu la vision d'une représentation de sagesse féminine ? Comment les hommes dans votre arbre diffèrent-ils des hommes d'aujourd'hui ? Comment nos ancêtres auraient pu influencer nos choix relationnels et maritaux ?

La plupart des pratiques d'analyse transgénérationnelle font intervenir des personnages mythiques ou fictifs. Un processus qui est mieux abordé avec une orientation jungienne, plutôt qu'en fonction de faits objectifs et historiques. Il y a une réalité psychique, et les pratiques jungiennes et post-jungiennes nous permettent d'interagir poétiquement avec un tel matériau, d'une manière profondément significative qui améliore l'intégration personnelle et transgénérationnelle.

Le réconfort : Le multiple en un

Le mot portugais *Saudade* décrit le sentiment d'un manque intense de quelque chose - une aspiration pour un avenir ou la réalisation d'un destin dans le temps qui n'est pas encore actuel. Il peut s'agir d'une compétence ou d'un don particulier du serpent génétique qui habite le temps lui-même. Il nous transcende tous.

Cette nostalgie mélancolique s'adresse à un bien-aimé absent qui pourrait ne jamais revenir, comme un amant perdu, ou un membre de famille disparu, ou l'un à naître ou qui n'a pas survécu, qui s'est éloigné, séparé ou est décédé.

Saudade est « l'amour qui reste » après que quelqu'un soit parti. La vacuité est une partie intégrante de l'esprit / matière et de l'être psychophysique. Ce vide affectif peut être relié au Vide, ou au vide absolu de l'espace qui est en fait un plénum du potentiel infini. Sentiments tristes et heureux viennent tous ensemble.

L'auto-initiation

Hillman dit que « la communauté des morts …. est déjà là, comme des présences qui vous attendent. » Comme les anciens Egyptiens, nous pouvons « ouvrir la bouche des morts.» Vous pouvez vous réunifier à travers votre généalogie sans avoir à mourir. Une initiation rituelle qui exige une mort symbolique de l'ego et la renaissance, mais qui se produit naturellement en conséquence de l'engagement avec nos profondeurs.

Jung dit que la vie psychique transpersonnelle « est l'esprit de nos vieux ancêtres, la manière dont ils ont pensé et ressenti, la manière dont ils concevaient la vie et le monde, des dieux et des êtres humains. L'existence de ces couches historiques est vraisemblablement la source des croyances en la réincarnation et des souvenirs de vies passées. » (Jung, 1939, p.24).

Dans *Elargir la famille* (1985), Hillman écrit : « Avec le passage du temps le sentiment de puissance grandit au sein de la psyché, comme les mouvements de son squelette à l'intérieur de la chair, qui nous maintient dans une servitude aux schémas enterrés dans nos attitudes et habitudes les plus familières. De cette famille intérieure, nous ne sommes jamais libres. Cette servitude nous tient liés aux ancêtres ». Certains rapportent une « soi-disant maladie » jusqu'à ce qu'ils répondent aux appels des ancêtres à faire un travail de guérison de l'âme.

Hillman suggère également que nous « transformions le piège d'un emprisonnement dans la famille personnelle en un archétype de reconnaissance de la famille comme une suprême métaphore qui maintient la condition humaine » (p. 6). En ce sens, notre travail généalogique marque un retour aux sources, comme celui d'une Odyssée au-delà des liens significatifs de la famille nucléaire vers notre vaste famille archétypale, avec sa panoplie de représentations.

Une telle thérapie familiale ne se limite pas aux standards théoriques et pratiques, mais à l'épistémologie qui les informe. Ce n'est pas une enquête sur une causalité historique, mais un mouvement circulaire, synchronique, non linéaire, avec des références archétypales. L'influence est interactive avec les fonctions téléologiques positives des symptômes. Dans notre pedigree nous rencontrons la représentation de forces réelles de collectivités politiques, économiques, philosophiques, religieuses très importantes.

Une étude de 2011 parue dans l'*European Journal of Social Psychology* suggère que la réflexion sur son origine génétique (c'est-à-dire sur ses ancêtres) nous fournit une ressource psychologique positive qui augmente la performance intellectuelle. Ils l'ont testée en manipulant ce que les participants pensaient de leurs ancêtres. Avec une série de tâches de renseignement, ils ont ensuite comparé les performances intellectuelles entre leurs estimations et les résultats objectifs. « Quatre études ont appuyé nos hypothèses: les participants montrent une attente plus élevée (étude 1) et des performances intellectuelles réelles (études 2-4) lorsqu'on leur rappelle leurs ancêtres. » (Fischer, et al).

L'analyse de son arbre généalogique est un processus d'auto-initiation - une part vitale du Grand Œuvre, un peu comme l'alchimie ou la méditation. L'initiation signifie simplement le « commencement », l'engagement dans une pratique sacrée. Une fois que vous faites rouler la balle, celle-ci se nourri de son propre élan. Vous faites le premier geste, un investissement explicite en vue de réaliser votre potentiel par le biais de cette méthode. Le sens de cet engagement se dévoile lentement sur la durée d'une vie.

L'arbre du monde contient de nombreuses opportunités à la fois pour la réalisation de soi et pour l'expérience du chaos, de la multiplicité et de la désintégration. En ce sens, la psychogénéalogie reflète la nature de l'âme: 1) elle rend toutes les significations possibles, 2) Elle transforme les événements en expériences, 3) Elle implique un approfondissement des expériences, 4) Elle est transmise dans l'amour, 5) Elle est une relation particulière avec la mort, (Hillman, 1977, p. 16 et Hillman, 1976, pp. 44-47).

Nous pouvons appliquer une grande partie de ce que nous apprenons au cours de ce processus. La mémoire des sentiments, des expériences, des lieux ou des événements agréables et de bien-être stimule nos sens et nous oriente vers notre potentiel psychophysique. Les expériences concrètes, symboliques et imaginaires de nos ancêtres et notre descendance peuvent avoir des effets réels sur nos attitudes et notre compassion. Ces effets sont le résultat d'une intégration transgénérationnelle. En embrassant l'Arbre du Monde, nous trouvons la guérison transgénérationnelle.

Bibliographie

Buck Stephanie, (2004), *Home, Hearth, and Grave: The Archetypal Symbol of Threshold On the Road to Self*", http://jungiansociety.org/index.php/home-hearth-and-grave-the-archetypal-symbol-of-threshold-on-the-road-to-self

Edinger Edward, (1973), *Ego and Archetype*, Shambhala.

Eliade Mircea, (1967), *Le sacré et le profane*, Gallimard.

Fischer Peter, Anne Sauer, Claudia Vogrincic, and Silke Weisweiler, (2011), *The ancestor effect: Thinking about our genetic origin enhances intellectual performance*, European Journal of Social Psychology, Volume 41, Issue 1, pages 11–16, Feb. 2011.

Freitag Barbara, (2004), *Sheelah-na-Gigs: Unravelling an Enigma*, Routledge, New York, NY.

Gaillard Thierry, (2020), *A propos de la métamorphose d'Œdipe en héros de Colone*, Genesis éditions, Genève.

Grof Stanislaw, (1988), *The Adventure of Self Discovery*, State Univ of New York Pr.

Hillman J. (1976), *Suicide and the Soul*. New York: Harper.

Hillman J. (1977), *Re-Visioning Psychology*. New York: Harper Perrenial.

Hillman James (1985), *Extending the Family: From Entanglement to Embrace,* The Texas Humanist 7/4, (1985): 6-11.

Hillman James, (1998), *Healing Fiction*, Spring.

Jung C.G. (1966), *Ma vie, souvenirs, rêves et pensées*, Gallimard, Paris.

Jung C.G., (2002), *The Earth Has a Soul: C.G. Jung on Nature, Technology & Modern Life*, Meredith Sabini (Editor), Joseph Henderson M.D., North Atlantic Books.

Miller Iona (2015), *Sacred Wounding: The Family Shadow - Transgenerational Wounding & Healing*, http://jungiangenealogy.weebly.com/sacred-wounding.html

Miller Iona (2014), *Jungian Genealogy: Bridge of the Spirits* http://jungiangenealogy.weebly.com/sacred-wounding.html

Miller Iona (2015), *Ancestors & Archetypes*, http://ancestorsandarchetypes.weebly.com/

Neumann Erich, (1972), *The Great Mother*, Princeton University Press.

Spotts James and Shontz Franklin, (1980), "Life-Theme Theory of Chronic Drug Abuse", in *Theories on Drug Abuse*, NIDA Research Monograph 30, March 1980, Ed. Dan J. Lettierr, et al.

Von Franz M.-L., (1985), *Projection and Re-Collection in Jungian Psychology, Reflections of the Soul*, p. 195, Open Court Publishing Company.

Thierry Gaillard (MA) est psychothérapeute FSP et psychanalyste, spécialisé en intégration transgénérationnelle et psychogénétique.

Diplômé de l'Université de Genève et en psychologie développementale à New York (M.A.), il se forme en psychanalyse, en philosophie, et explore de multiples approches thérapeutiques. Il exerce en cabinet privé depuis 1998.

Dans une série de quatre livres (voir la bibliographie), il propose une nouvelle thèse sur le mythe d'Œdipe, laquelle intègre les connaissances traditionnelles et transgénérationnelles contemporaines.

Son site Internet : www.t-gaillard.com

VII

Sophocle psycho-chamane d'avant-garde[1]

Thierry Gaillard

La perspective chamanique de guérison et de rétablissement d'une harmonie peut-elle inspirer la résolution du conflit qui oppose depuis plus de deux millénaires les sociétés dites traditionnelles à celles dites modernes ? Près de quatre siècles avant JC, c'est à Athènes, avec l'émergence de notre civilisation, que ce conflit a commencé pour aujourd'hui toucher l'ensemble de la planète. Rétablir l'équilibre entre tradition et modernité, voilà exactement le but que poursuivait Sophocle, prêtre du dieu guérisseur Asclépios et célèbre dramaturge athénien. Avec son œuvre sur Œdipe il nous a laissé un modèle de guérison cathartique[2], illustrant la transformation du conflit entre les anciens savoirs et les nouvelles connaissances, vers le rétablissement de l'harmonie et de la prospérité.

---

[1] Cet article reprend partiellement des passages de mes livres *Intégrer ses héritages transgénérationnels* et *Sophocle thérapeute, la guérison d'Œdipe à Colone.*
[2] Purification, épuration des passions et libération des forces de l'âme.

Comme nous allons le voir, l'initiation d'Œdipe à la connaissance de soi, des dieux et de l'univers ressemble à celles des chamanes dans les sociétés traditionnelles. Après avoir traversé les pires des épreuves, en devenant le héros de Colone, et en garantissant la prospérité, Œdipe est à l'image de ces chamanes qui prennent soin de leur communauté. Mais la particularité de Sophocle tient au fait qu'il a dû adapter les sagesses ancestrales à cette situation inédite avec la naissance de notre civilisation, laquelle a engendré un nouveau type de conflit qui oppose dorénavant les valeurs traditionnelles et modernes. C'est parce qu'il tient compte à la fois des anciennes traditions comme du changement de civilisation (bon gré, mal gré), et le monde nouveau qui se profile, que Sophocle incarne une nouvelle sorte de chamane, un psycho-chamane pourrait-on dire.

Dans cet article, je vais présenter les grandes lignes du modèle universel[3] que Sophocle nous a laissé pour transcender un conflit dont les conséquences environnementales, humaines, spirituelles, font aujourd'hui la une des médias. Avant-gardiste et incompris jusqu'ici, l'enseignement de Sophocle est un modèle d'harmonisation du rapport entre tradition et modernité qui répond à quantités de questions auxquelles nous sommes aujourd'hui confrontés.

Le tournant historique à Athènes

En provenance d'Egypte et d'autres lointaines contrées, de nombreuses traditions spirituelles et chamaniques

---

[3] Un modèle présenté dans le livre « A propos de la métamorphose d'Œdipe en héros de Colone », Génésis éditions 2020.

convergèrent vers cette nouvelle terre promise que fut la Grèce, berceau des arts, de la démocratie, de la philosophie et des sciences pendant l'Antiquité. Jusqu'au IVe siècle avant J.-C, le chamanisme a évolué en s'adaptant à son époque, produisant un cortège de chercheurs et maîtres spirituels (Pythagore, Orphée, Asclépios), de poètes (Homère), de chamans guérisseurs (œuvrant notamment au sanctuaire d'Asclépios à Epidaure), de mediums (comme la Pythie à Delphes) et autres visionnaires, au point de créer les conditions favorables à l'émergence de nouvelles formes de connaissances. Dans le chaudron magique d'Athènes, l'alchimie accouchera d'une nouvelle forme de civilisation, dite moderne et démocratique, plus rationnelle, avec les débuts de la médecine scientifique (Hippocrate), de la physique (Thalès, Archimède) et de toute la philosophie métaphysique.

Mais qui aurait pu croire que ces nouvelles connaissances viendraient dénigrer et s'opposer aux traditions ancestrales ? Qui aurait pu prévoir que le nouvel être engendré se retournerait contre la main qui l'avait nourri ? C'est pourtant bien ce qui arrive à Athènes, lors de ce tournant historique qui a vu naître notre civilisation dite moderne. Tel un raz de marée, cette nouvelle civilisation impose sa propre représentation du réel qui plonge dans l'obscurité les anciennes traditions, jusqu'à les oublier. On invente alors le terme de « mythologie » pour dénigrer les anciennes croyances et ne plus se fier qu'à la seule raison, sans plus aucune référence à l'irrationnel. Les rites de passage, les sciences occultes, la poésie et tout ce qui relève des dimensions non rationnelles passent pour des enfantillages parce que les réalités de l'âme ne sont plus comprises. « Ceux qu'on a vu danser ont été pris pour des fous par ceux qui n'entendaient pas la musique » expliquera Nietzsche bien plus tard. À son instar, les intellectuels avertis ont toujours dénoncé cette dérive de la conscience collective. Voilà pourquoi Nietzsche considèrera le changement de civilisation comme un recul et non pas comme un progrès : « Dieu est mort et c'est nous qui l'avons tué ! »

Les stigmates de cet ancien mariage raté entre les cultures traditionnelles et les modernes sont toujours visibles autour de nous comme en nous-mêmes. Aussi longtemps qu'elle reste inachevée et non intégrée, l'histoire de ce conflit continue à hanter notre présent. Parce qu'il est généralement inconscient, nous projetons cet héritage sur le monde extérieur, alimentant les conflits au lieu de les résoudre véritablement. Or l'intégration d'anciens conflits non résolus fait partie du travail d'harmonisation et de restauration de la paix avec nos ancêtres, choses que les chamans, et bien d'autres initiés, ont toujours cherché à faire. Mais l'arrivée de la civilisation moderne pose un nouveau problème aux pratiques ancestrales. Pour continuer à remplir leurs fonctions spirituelles et guérisseuses, elles ne peuvent pas ignorer ce changement ni son impact dans la conscience collective. Le *core-chamanisme*, le *néo-chamanisme*, ou encore le *psycho-chamanisme*[4], traduisent la prise en compte de la réalité psychologique, sociale et culturelle d'aujourd'hui. Comme l'explique C. Michael Smith[5], à quoi servirait-il de participer à des cérémonies et autres initiations chamaniques traditionnelles si leurs bienfaits ne se

---

[4] C. Michael Smith, (2007), *Jung and Shamanism in Dialogue*, 2nd Edition, Trafford Publishing.
[5] Voir l'interview de C. Michael Smith publié dans cet ouvrage.

répercutent pas dans notre vie quotidienne ? Pour retrouver ce qui fut oublié ou refoulé, avec l'arrivée de notre civilisation moderne, un travail supplémentaire est nécessaire. Par exemple, nous pouvons réapprendre à communiquer avec le monde symbolique et inconscient, avec la langue des oiseaux comme le dit le psychanalyste Erich Fromm (*Le langage oublié*, E. Fromm, 2002) et renouer avec notre être profond[6]. Témoin du changement de civilisation, à la fois héritier de la tradition[7] et homme d'avant-garde avec ses œuvres « tragiques » et visionnaires, Sophocle nous permet d'articuler le changement de civilisation sans renier ni les sagesses ancestrales, ni s'exclure du monde qui s'annonce. Avec le récit de la guérison d'Œdipe (voir plus bas), Sophocle nous a laissé un enseignement qui transcende cette fracture entre la conscience traditionnelle et celle qui caractérise notre culture aujourd'hui.

Depuis la nuit des temps la mythologie fournit un accès au monde symbolique, intemporel et inconscient, où se trouvent aussi les conflits non réglés de l'histoire et de la vie quotidienne. Grâce aux mythes, toutes sortes de problèmes et de thématiques peuvent être rendus conscients, discutés, relativisés et finalement intégrés dans un ordre supérieur.

---

[6] Notons qu'il existe aussi des mouvements allant de la modernité vers les sagesses ancestrales, par exemple la phénoménologie en philosophie, la Daseinanalyse de Binswanger, Carl Jung avec ses références au « numinous », et, plus récemment, toute la mouvance dite « transgénérationnelle ».

[7] Dans *Sophocle thérapeute*, je présente quelques arguments en faveur d'une filiation herméneutique égyptienne, partant de Thot-Hermès, par Hermès Trismégiste, Asclépios puis Sophocle.

Parfois il faut réécrire les mythes pour répondre à de nouveaux besoins et à des situations inédites. Ceux qui les réécrivent, comme Sophocle, jouent un rôle essentiel pour soutenir le travail d'intégration collectif et ainsi maintenir l'harmonie. Les premières sociétés chamaniques n'ont pas été confrontées aux conflits générés par la naissance d'une nouvelle civilisation, un nouveau défi attend les anciennes traditions. Voilà précisément ce qui va occuper Sophocle. Comme nombre de ses contemporains, il avait bien conscience des problèmes engendrés par cette opposition entre les anciennes traditions et la nouvelle civilisation en train de naître sous ses yeux. Et l'épidémie de la peste qui ravagea Athènes fut pour lui, comme pour tous ceux attentifs au sens caché des événements, le signe d'un profond déséquilibre qu'il fallait absolument rétablir. Même s'il ne vivrait pas assez longtemps pour espérer voir se rétablir la situation à Athènes, Sophocle se devait de laisser à la postérité un nouveau modèle de guérison. Celui-ci prend aujourd'hui toute son importance. En référence aux conséquences du conflit entre les civilisations, il commence son œuvre sur Œdipe avec la description des ravages de la peste. Il s'agit d'une métaphore qui renvoie à quantité de maux provenant d'un dérèglement des forces : épidémies, catastrophes écologiques, inconscience des dirigeants, etc.

Le rejet des traditions

Avec le développement iconoclaste d'une nouvelle civilisation de la raison, l'inconscient, le symbolique, le sacré et le spirituel sont dévalorisés, voire refoulés. À Athènes, ce qui avait tant d'importance pour leurs aïeux passe pour des lubies aux yeux d'une collectivité peu avisée, mais qui s'affirme parce qu'elle devient majoritaire et forte dans un système démocratique. Aux lois « naturelles » de la vie, respectées par leurs ancêtres, les hommes préfèrent dorénavant écrire et imposer leurs propres lois, selon leurs propres critères. Cette histoire qui a commencé à Athènes n'a cessé de se répéter. Elle s'est rejouée dans les mouvements de colonisation, par exemple en Amérique du Sud et du Nord et un peu partout dans le monde. Les fils de la terre sont remplacés par des citoyens, fils de la cité et de ses lois, ou enfants de la patrie, eux-mêmes répondant à ces nouvelles lois écrites par les hommes, souvent en total désaccord avec les lois de la vie et de la nature. Et c'est toujours la même histoire que l'on voit se répéter au Groenland, au Tibet, en Indonésie, en Afrique, en Amazonie, etc.

L'histoire réitère l'opposition entre tradition et modernité sur le modèle de ce qui s'est passé à Athènes. Elle se retrouve dans cette tendance à promouvoir de nouvelles croyances sur le dos d'anciennes croyances (incomprises) continuant à nourrir la dualité. Voilà pourquoi les sages se sont retirés de la scène politique, le rapport à la vérité n'étant ni marchandable, ni affaire de prosélytisme ou de croyances.

Du matriarcat au patriarcat

Si l'on veut prendre en compte l'origine de bon nombre de problèmes qui sont les nôtres aujourd'hui, nous sommes ramenés à ce qui s'est passé à Athènes au début du changement de civilisation. Rappelons déjà brièvement que ce passage d'une civilisation traditionnelle à celle dite moderne est lui-même la conséquence d'un changement plus profond : le fameux passage du matriarcat au patriarcat. Jusqu'alors trop unilatéralement matriarcales, les sociétés sont devenues radicalement patriarcales, comme dans un mouvement d'inversion des extrêmes, difficiles à équilibrer. Ce renversement fait suite à la prise de conscience du rôle joué par l'homme et de la sexualité dans la procréation. Tant que nos ancêtres croyaient que les femmes faisaient des enfants seules, celles-ci imposaient un régime totalitaire de fusion et d'indifférenciation qui interdisait toute émancipation. La notion de père n'existant pas, celui-ci était comme « mort », ou inexistant dans l'esprit matriarcal[8]. Cette absence d'une fonction édificatrice du père, d'un « verbe », ou d'une parole, susceptible de faire naître un sujet, de l'extraire de la matrice procréatrice, dénonce une conscience matriarcale limitée. À force de buter contre cette limite, les forces d'émancipation vont provoquer une réaction inverse, ou une contre-culture, laquelle va au contraire promouvoir l'art de penser (la philosophie), l'esprit de recherche, le développement des sciences. Si elle est une source de créativité, cette tension entre les deux régimes menace de produire de profonds déséquilibres.

L'épreuve de la réalité (la ressemblance entre pères et fils) vient elle aussi incriminer le déni du père et fournir des arguments pour réduire le féminin matriciel au simple rôle de réceptacle de la semence de vie, masculine. Un changement de perspective qui fut passionnément débattu pendant l'Antiquité. En particulier, il modifia les rapports de forces entre divinités, et l'on dira d'Athéna, la protectrice d'Athènes, qu'elle est sortie de la tête de Zeus, sans avoir eu besoin d'une mère...

---

[8] Une thématique que je développe dans mes autres livres, notamment dans *L'intégration transgénérationnelle*, Ecodition, 2014, Genève.

La naissance de notre civilisation moderne s'inscrit dans une continuité du changement de régime du matriarcat au patriarcat. Et lorsqu'il se développe de manière trop unilatérale, le monde patriarcal produit lui aussi son lot de symptômes, et pas des moindres ! En se retournant contre les anciennes traditions matriarcales, il se prive des liens aux origines et à la mère, elle-même devenue un amour interdit (dorénavant taxé d'incestueux). La parole se fait castratrice, pseudo-édificatrice. Iconoclaste, ce régime patriarcal (et métaphysique) perd le rapport à l'être, se coupe de cette sensation océanique d'être en contact ou en présence avec le grand tout, ou avec le Grand Esprit diraient les indiens d'Amérique du Nord. Certes il faut s'émanciper de la toute-puissance fusionnelle et aliénante de la matrice, mais sans pour autant se couper de ses racines ni perdre le lien aux ancêtres. Comme nous le verrons, avec son modèle d'intégration des héritages transgénérationnels, Sophocle détient la solution.

Dans son œuvre sur Œdipe, Sophocle répond à toutes ces questions relatives aux liens de filiation, au respect des ancêtres et des origines. Ces thématiques sont omniprésentes dans sa pensée, parfois de manière explicite, parfois implicitement. Par exemple, avec un Œdipe victime de parents adoptifs qui lui cachent ses véritables origines. Une situation qui entraînera la tragédie racontée dans *Œdipe-roi*. Ici le message est clair : priver une personne de la vérité sur l'identité de ses parents c'est programmer de futures tragédies. Au lieu de parler de leur stérilité, Polybe et Mérope décident d'éluder leur problème et cachent à Œdipe son adoption. D'une certaine manière, dans le sens étymologique du terme, ils font un pacte avec le diable, où « Dia », qui en latin signifie séparer, « celui qui divise » la parole d'une vérité qu'elle serait censée énoncer (et au contraire de la fonction de réunification du mot symbolique). Si les sociétés traditionnelles avaient conscience des lois transgénérationnelles et les respectaient, ce savoir se perd avec le développement de notre civilisation. Aujourd'hui, les personnes qui pervertissent le rapport à la vérité, surtout en ce qui concerne la filiation, semblent en ignorer les conséquences. Si elles étaient tant soit peu conscientes des lois transgénérationnelles, elles auraient vite fait de rétablir la vérité et de se libérer de leurs propres aliénations.

Le cas d'Œdipe l'illustre bien puisque ce secret sur ses origines va programmer les misères qui vont s'acharner sur lui et sur la ville qui l'a placé sur son trône, Thèbes. C'est là le symptôme engendré par une culture patriarcale, coupée du lien à l'être et à la Mère-Terre, qui a perdu cette conscience des conséquences dramatiques d'un tel secret. Une ignorance qui caractérise notre société aujourd'hui, insensible aux lois de la nature qu'elle bafoue sans même s'en rendre compte. Si traditionnellement l'individu n'existait qu'en lien avec une famille et/ou un lieu d'origine, le priver de ces liens et de ces racines n'amène rien de bon, (même si la société moderne prétend ainsi favoriser une individualisation). Cette perte de conscience et la transgression des anciennes lois génèrent de nouvelles tragédies comme Sophocle le montre avec l'arrivée de la peste à Thèbes. Mais déjà à son époque, les personnes capables de comprendre les véritables causes de ces catastrophes se faisaient rares, ou se retiraient de la vie publique. Aujourd'hui avec les analyses transgénérationnelles nous redécouvrons la pertinence de ces anciennes connaissances.

Parce qu'il connait les lois transgénérationnelles, l'approche de Sophocle est thérapeutique. Avec son œuvre sur Œdipe, Sophocle expose une alternative à la fusion (matriarcale) ou à la coupure (patriarcale). Cette alternative consiste à intégrer les origines, les rapports de filiation et les liens aux ancêtres tout en s'émancipant des liens aliénants. Sophocle montre que c'est en advenant sujet[9] que l'on s'émancipe sans pour autant se couper du monde et de l'être, un processus qui intègre les anciens rites de passage de l'enfance à l'âge adulte. Dans son œuvre testamentaire, *Œdipe à Colone*, Sophocle raconte cette transformation d'Œdipe qu'il associe avec la guérison de la peste. Finalement, Œdipe devient le héros de Colone, garant de sa prospérité, achevant la transformation de la peste qui sévissait au début du récit. Ainsi, même dans la pire des situations, Sophocle nous laisse un modèle de guérison qui transcende l'opposition entre tradition et modernité pour rétablir l'harmonie.

Qui fut Sophocle ?

À l'époque de Sophocle, les poètes inspirés, les auteurs des pièces de théâtre antique, avaient pour fonction d'être les guides de la conscience collective. Dans d'immenses amphithéâtres, ils adressaient leurs messages au plus grand nombre et traitaient des événements qui interpellaient toute la communauté. Avec ces nouveaux rituels collectifs, ils offraient des réponses à des situations complexes en s'inspirant, pour les uns, des anciennes traditions, pour les autres, d'idées nouvelles, voire provocatrices.

---

[9] Certains parlent de réveiller le « chamane en soi », du « moi profond », du « soi » ou encore du « sujet en soi ».

Comme dramaturge, Sophocle s'inscrivait dans la continuité du travail chamanique, visant le bien-être de la collectivité, le rétablissement des équilibres lorsque la situation l'exigeait, comme lorsque sa ville fut ravagée par la peste. En effet, de 430 à 426 avant J.-C., plusieurs vagues d'épidémie ravagèrent Athènes. Un tiers de la population périt de cette infection que personne ne savait soigner. La situation était catastrophique, même les lieux sacrés étaient jonchés de cadavres non ensevelis. Désemparés face à la violence du fléau, les Athéniens avaient perdu tout respect du divin. Les coutumes jusqu'ici en vigueur pour les sépultures furent bouleversées. On inhumait à tort et à travers, certains déposants des morts sur des buchers déjà allumés qui ne leur appartenaient pas.

Dans la capitale en totale dérive, rétablir l'harmonie représenta un énorme défi pour Sophocle, à la mesure de son génie. En marge de son travail d'auteur de pièces théâtrales, Sophocle assuma de multiples fonctions, d'administrateur, de stratège, mais également un rôle plus traditionnel et religieux comme prêtre du dieu guérisseur Asclépios. Il eut l'immense honneur d'accueillir la statue du dieu dans sa propre maison, en attendant que le temple dédié fût achevé. Comme dramaturge Sophocle remporta le grand concours annuel à vingt-quatre reprises et fut deuxième les autres fois. De ses nombreuses pièces, plus d'une centaine selon les estimations, il ne nous en reste que sept. Parmi celles-ci, il y a la fameuse histoire d'*Antigone* et les deux pièces que Sophocle consacre à Œdipe, *Œdipe-roi*, puis, *Œdipe à Colone*, qui fut sa dernière pièce testamentaire. Il avait quatre-vingt-trois ans lorsqu'il fut encore élu membre des dix conseillers chargés de rétablir l'ordre dans une cité en crise. S'il fut progressiste et démocrate, bien avisé des progrès de la raison, de la physique ionienne, des écrits d'Hippocrate, contrairement à d'autres, Sophocle ne s'éloigna pas pour autant des anciennes traditions. Il mourut en 406 avant JC, soit deux ans avant la défaite historique d'Athènes (en 404 avant JC), après vingt-sept années de guerres contre les Spartes.

Résumé du mythe d'Œdipe de Sophocle (en deux pièces « tragiques »)

Œdipe-roi

Pour sauver Thèbes d'une terrible épidémie de peste, le roi Œdipe consulte le devin Tirésias. Celui-ci explique qu'il faut éclairer les circonstances du meurtre du précédent roi Laïos. Œdipe promet de punir le coupable et commence une enquête qui l'amènera à se découvrir lui-même. Petit à petit, les informations se recoupent et Œdipe découvre qu'il a été secrètement adopté par ceux qu'il prenait pour ses parents, Polybe et Mérope. À sa naissance, il avait été abandonné aux bêtes féroces du mont Cithéron pour qu'il y meure. Cependant, un berger du royaume voisin le sauva d'une mort certaine. Ensuite, Œdipe apprend que l'inconnu qui l'avait agressé il y a déjà longtemps, et qu'il avait tué, était Laïos, son propre père ! Et la reine qui lui fut donnée avec le trône, en récompense d'avoir vaincu la Sphinge qui terrorisait Thèbes, n'est autre que sa propre mère, l'ancienne épouse de Laïos !

Quand la vérité éclate, Jocaste se pend et Œdipe, fou de désespoir, se crève les yeux puisque toutes les apparences étaient fausses.

Œdipe à Colone

Après une longue errance sur les routes, Œdipe accompagné de sa fille Antigone, arrive à Colone, bourgade de la capitale Athènes. Son roi, Thésée, est le premier qui leur accorde enfin hospitalité et protection. Ce retour d'Œdipe dans la collectivité ne tient qu'à la noblesse de cœur de Thésée qui voit clair en Œdipe, au-delà de sa terrible réputation. Œdipe a traversé les pires des épreuves, il est maintenant un autre homme et s'attire dorénavant les bonnes grâces des dieux. « C'est lorsque je ne suis plus rien que je deviens un homme » explique-t-il à sa fille. Finalement, les dieux l'appellent pour quitter ce monde. À Thésée, digne de son amour, Œdipe lègue un secret qui garantira la prospérité de son royaume. Mais il ne faudra pas l'oublier pour que cette prospérité dure à jamais (culte des ancêtres).

Au début de la première pièce, *Œdipe-roi*, Sophocle décrit la situation qu'il a pu observer dans sa ville d'Athènes ; la peste stérilise toutes les sources de vie, chez l'homme, les animaux et dans le monde végétal. Et finalement, c'est la garantie de la prospérité qui termine la seconde pièce, *Œdipe à Colone*. Comprendre l'enseignement de Sophocle, c'est découvrir comment passer du pire au meilleur. Un enseignement qu'il s'agit de décrypter entre les lignes du texte car, bien sûr, ce genre de connaissances ne se transmettait pas comme on le fait aujourd'hui dans les universités - sous une forme essentiellement intellectuelle. Comme c'est la tradition pour les initiations, Sophocle cache son enseignement. Non pas de manière arbitraire, mais parce que l'objet sur lequel porte son message réclame une certaine ouverture d'esprit ainsi que la capacité à dépasser les apparences pour découvrir des vérités inaccessibles au premier abord.

La méthode de Sophocle consiste à faire croire qu'Œdipe mérite le sort tragique qui ponctue la fin de la première pièce. Ce faisant il va dans le sens de la pensée patriarcale. Mais ce n'est pas là son véritable propos, bien au contraire. Alors que l'on pourrait croire Œdipe définitivement condamné, dans le but d'éveiller les consciences à une autre dimension, (vers un autre état de conscience), Sophocle crée un effet de surprise avec une suite et une fin héroïque à Colone. Il nous invite à dépasser un premier niveau de lecture (patriarcal) pour suivre le cours de ce qui dorénavant ressemble bien à une initiation. Sophocle joue ainsi sur plusieurs niveaux de conscience qu'il contraste avant de les transcender.

Le piège de la raison toute puissante : *Œdipe-roi*

Dans la pièce *Œdipe-roi* tout porte à croire qu'Œdipe est un monstre, justement puni pour avoir transgressé les tabous de l'inceste et du parricide. Mais enfin… ?! Rappelons qu'il s'agit d'abord d'un mythe, puis d'une pièce de théâtre, laquelle représente un scénario symbolique, et non pas une histoire vraie ! Jamais un mythe, une œuvre poétique ou artistique ne devrait être prise au pied de la lettre. Comme l'explique Alan Watts, « on doit prendre garde, en l'utilisant, à ne pas confondre image et réalité, ce qui serait aussi erroné qu'escalader le poteau indicateur au lieu d'emprunter la route qu'il désigne »[10] Et personne ne cherche à les réduire en des personnes ou histoires

---

[10] Alan Watts, 1966, *Le livre de la sagesse*, Denöel, Paris.

« vraies » les multiples figures de la mythologie, ses êtres mi-humains, mi-animaux, les incohérences chronologiques, les exploits d'Hercule qui dérobe les pommes d'or du jardin des Hespérides, Prométhée qui vole aux dieux le feu pour le donner aux hommes.

Cet espace symbolique des mythes a précisément pour vocation de permettre une représentation d'histoires irrationnelles et inconscientes, parfois interdites dans la vie réelle. C'est d'ailleurs bien là tout l'intérêt des œuvres théâtrales, révéler les dessous de la psyché pour leurs offrir un exutoire, une catharsis thérapeutique. Cette possibilité d'expression, dans une parole, dans une mise en scène, dans un récit mythologique opère comme antidote au passage à l'acte dans la vie réelle. Pour que la thérapie fonctionne, la liberté qu'offrent l'espace symbolique, et la parole qui s'y déploie[11], est essentielle, comme normalement en psychanalyse.

Avec le mythe d'Œdipe, Sophocle dénonce cette perte de la dimension symbolique et mythologique qui caractérise le changement de civilisation. Il suffit de mettre en avant des sujets tabous pour voir se dresser les résistances de la raison et perdre de vue la dimension symbolique du récit. De cette manière, Sophocle met en évidence l'incapacité de l'approche rationnelle à se maintenir dans la dimension symbolique propre aux anciennes traditions. Faire du mythe

---

[11] Les politiciens et les hommes de lois qui aujourd'hui sanctionnent les écarts de langage ne réalisent pas qu'en encourageant la censure d'une expression verbale de l'inconscient, première étape à son éventuelle intégration, ils augmentent les risques de passages à l'acte.

d'Œdipe une crise sans lendemain révèle la réduction que le patriarcat fait subir aux anciennes traditions lesquelles, nous le verrons, ont une toute autre lecture du mythe, plus profonde.

Si Œdipe s'est retrouvé dans le lit de sa mère après avoir tué son père, il est aussi, et surtout, victime du secret qui le tenait dans l'ignorance de l'identité de ses parents puisqu'il avait été adopté en cachette par des parents souffrant de stérilité. Si l'on accorde à la connaissance de soi et à la vérité sur la filiation toute l'importance que cela pouvait revêtir aux yeux des anciens sages, alors le récit prend une toute autre signification.

D'un point de vue plus traditionnel, la véritable faute d'Œdipe fut de s'ignorer, c'est-à-dire de méconnaitre ses parents et ses origines. L'inceste et le parricide n'en sont que des conséquences. Or justement, Œdipe est parvenu à rétablir la vérité, et c'est ce qui va le sauver. Nous pouvons aussi interroger : était-il lui-même lorsqu'il transgresse les tabous, ou n'est-il qu'une personne aliénée par le secret de ses origines, pas encore née en tant que sujet ? Dans le fond, tous celles et ceux qui n'ont pas intégré leurs origines et donc qui ne se sont pas émancipés de leurs parents, ne sont-ils pas, symboliquement, toujours dans l'inceste et le parricide, soumis au régime matriarcal ? En tous les cas, si Œdipe n'avait pas reçu une fausse information, il eut été préservé du courroux patriarcal puisqu'il se serait naturellement émancipé de la toute-puissance matriarcale en devenant sujet.

Sophocle montre ici de quelle manière Œdipe était victime à la fois du régime patriarcal qui voudrait interdire la découverte de ses origines, et de la toute-puissance matriarcale qui préfère le statu quo. Dans la perspective de Sophocle, aussi longtemps qu'elle est aliénée dans la transmission de sa filiation (héritages transgénérationnels), une personne reste prisonnière d'une position incestueuse et parricide. L'intégration des origines, des histoires de famille restées en souffrances et héritées des ancêtres permet de s'extraire de cette position infantile pour advenir sujet. Autrement dit, toutes celles et ceux qui ne se connaissent pas, qui n'ont pas intégré l'histoire de leurs origines, sont, à l'instar d'Œdipe, empêché d'advenir comme sujet et restent dans l'inceste et le parricide (symbolique). Mais contrairement à la réaction patriarcale qui consiste à couper le lien à la mère (et à perdre le lien avec l'être), et qui ne fait que programmer le « retour du refoulé » Sophocle nous enseigne que la véritable émancipation, synonyme de naissance du sujet, passe par le rétablissement de la vérité sur l'histoire des origines, par l'intégration des héritages transgénérationnels inconscients et la reconnexion à la source, ou aux origines[12].

Parce qu'Œdipe traverse l'impensable et fini par intégrer son histoire dramatique, une nouvelle vie lui sera accordée. Il ne faut donc pas s'arrêter aux apparences sans prendre en compte toute l'histoire que Sophocle nous raconte, notam-

---

[12] Pour celles et ceux qui, comme Œdipe, sont en manque d'une transmission concernant leurs familles biologiques, il faut comprendre que les histoires en manque d'intégrations sont toujours inconsciemment accessibles, ici et maintenant. Ce qui compte cependant, c'est de renouer avec les origines, avec ce qui dans la mythologie correspond au père le Ciel et à la Mère la Terre, quitte à (comme Œdipe), trouver une famille de cœur, ou symbolique, une filiation mythologique, pour y parvenir.

ment la suite racontée dans *Œdipe à Colone*. Pourquoi cette dernière œuvre est-elle généralement mise de côté, dénigrée ? Tout simplement parce que dans une perspective patriarcale, il est impossible d'imaginer une suite à la transgression des tabous. Le sort qui attend celles et ceux qui transgressent les tabous ne peut être que tragique, sans espoir de rédemption. S'il était possible de transgresser les tabous et, comme Œdipe, en plus de devenir un héros, alors où va-t-on ?

Tous les afficionados de la raison pure, peu enclins à l'imaginaire et peu sensibles à la symbolique du récit, ont échoué à déjouer le piège tendu par Sophocle. Comment expliquer que l'immense majorité des spécialistes, même Freud, soient tombés dans le panneau ? Comme il est tentant de soulager ses propres aliénations culturelles en les projetant sur cet Œdipe, bouc émissaire idéal ! Réalisateurs de films, d'opéras, écrivains et critiques, metteurs en scènes, acteurs, n'ont généralement rien vu d'autre chez Œdipe que le miroir de leur propre conditionnement patriarcal. Une attitude générale qui nous indique à quel point il est difficile de s'émanciper d'un conditionnement culturel qui s'est renforcé sur près de deux millénaires. Du reste, tous celles et ceux qui ne connaissent Œdipe qu'à travers sa réputation d'avoir commis l'inceste et le parricide sont eux aussi pris dans une logique « surmoïque » patriarcale. Par contraste, ne pas s'arrêter à ces épisodes pour chercher à découvrir la véritable histoire d'Œdipe permet de prendre conscience de la force de ce conditionnement culturel - pour éventuellement s'en émanciper. Dénoncer les conséquences de notre conditionnement culturel et l'oubli des sagesses ancestrales, voilà déjà une bonne raison de redécouvrir la véritable signification de l'œuvre de Sophocle.

Avec *Œdipe-roi*, Sophocle pose une pierre devant l'entrée d'un tunnel qui mène à l'initiation traditionnelle et au rite de passage à travers la Mère-Terre. Il faudra dépasser cette fascination qu'exerce la transgression des tabous, pour aller voir derrière la pierre et s'engager dans l'aventure qui continue jusqu'à Colone. Une telle démarche permet à Sophocle de dénoncer les limites du patriarcat qui dramatise et empêche la poursuite d'un cheminement initiatique ancien. Un interdit qui intervient au pire instant, lorsque précisément le drame pourrait se transformer en une catharsis thérapeutique.

La quête de vérité

Derrière l'interprétation patriarcale du mythe d'Œdipe se trouvent les véritables messages que Sophocle nous laisse en héritage. Ceux-ci sont multiples, à commencer par la quête de la vérité et la question de la connaissance de soi. Celle-ci ne se limite pas à la connaissance de ses origines (de ses parents et de l'histoire de sa famille), mais elle implique la rencontre avec soi-même, ou l'advenir sujet. « Je me suis cherché moi-même » expliquait Héraclite. Le développement de la connaissance de soi passe, tôt ou tard, par l'intégration de ses origines. Parmi les étapes de ce cheminement, il y a l'intégration des héritages transgénérationnels inconscients et le processus (ou rite) de passage de l'enfance au monde adulte.

Le mythe d'Œdipe s'organise autour d'une quête de vérité, *Alètheia* en Grec et qui signifie le « non-oubli », c'est-à-dire l'accès à cette dimension qui concentre à la fois ce qui fut, ce qui est et ce qui sera. Œdipe veut savoir, il veut découvrir la vérité, à tout prix. Et le prix il paiera.

Même si Œdipe ne peut pas au début de son enquête entendre la vérité prononcée par Tirésias (qu'il est lui-même le meurtrier du précédent roi Laïos et la cause de la présence de la peste à Thèbes), il ne renoncera pas à connaître la vérité. À force d'enquêter, il va finir par découvrir la vérité sur ses origines. Il incarne ici la figure héroïque de celui qui va jusqu'au bout de sa quête de vérité. Celle-ci signera à la fois sa mort et sa renaissance, comme Tirésias l'avait prédit. Sur un plan de conscience il perd tout, alors que sur un autre plan, il gagne la connaissance de ses origines. Une prise de conscience qui vaut toutes les couronnes de la terre, puisqu'elle lui permettra de renaître et de devenir ce héros bienfaiteur à Colone. Voilà une illustration du sens qu'il faut donner à l'adage Grec, « connait-toi toi-même et tu connaîtras les dieux et l'univers ».

Intégrer l'aliénation transgénérationnelle

La situation d'Œdipe est comparable à celle de l'adolescent lorsqu'il commence à poser un regard plus objectif sur ses parents, idéalisés pendant l'enfance[13]. La découverte de la véritable identité de ses parents a une double conséquence. D'une part, elle engendre une grande désillusion, la perte de tout ce qu'il pensait connaître, comme si le sol sur lequel il marchait se dérobait sous ses pieds. Face aux conséquences de cette ignorance, Œdipe se reproche de s'être fié aux apparences, raison pour laquelle il se crève les yeux à la fin d'*Œdipe-roi*. Certes il perd la

---

[13] Polybe et Mérope sont les images superficielles parentales tandis qu'avec Laïos et Jocaste, le masque des apparences tombe pour découvrir une réalité plus crue, mais aussi plus vraie.

couronne et devient la brebis galleuse de tous ceux qui le matin encore le portaient aux nues, mais en même temps et d'autre part, Œdipe se trouve dorénavant dans un autre état de conscience, porté par la connaissance qu'il a désormais de ses origines. La vie qu'il menait jusqu'ici lui apparaît toute autre, celle d'une victime d'un secret sur son adoption. Il réalise que sa place à lui n'était évidemment pas dans le lit de sa mère, ni dans cette lutte fatale avec son père. S'il s'est néanmoins retrouvé dans cette position, c'est du fait de son ignorance et parce qu'il n'était pas lui-même, ou pas encore advenu comme sujet. Il peut maintenant redonner du sens aux cauchemars qu'il faisait jeune, aux paroles de l'oracle et à sa victoire sur la Sphinge. En revisitant son histoire à la lumière de sa découverte, les événements peuvent enfin s'intégrer et rejoindre l'Histoire.

Comme je l'ai développé en détail ailleurs[14], l'analyse transgénérationnelle révèle l'amplification sur plusieurs générations d'un important conflit d'origine. Comme par hasard, nous retrouvons chez les aïeux d'Œdipe le fameux conflit entre les civilisations qui agitait les esprits de l'époque. En effet, l'aïeul d'Œdipe, Cadmos, fonda la cité de Thèbes en engendrant deux lignées qui vont se battre pour le pouvoir. En plantant les dents d'un dragon dans la terre, Cadmos a engendré les Autochtones, lesquels sont donc les enfants de la Mère-Terre, du côté matriarcal. De l'autre côté, Cadmos a épousé une déesse, Harmonie, et leurs enfants appartiennent ainsi à l'ordre des divinités patriarcales.

---

[14] *A propos de la métamorphose d'Œdipe en héros de Colone*, Génésis éditions, 2020.

Le conflit qui oppose ces deux descendances va s'amplifier sur plusieurs générations, drainant un flot grandissant de deuils non faits dont les effets se répercuteront sur plusieurs générations. Au final, l'héritage transgénérationnel de ces manques se manifeste avec la stérilité du couple formé par Laïos et Jocaste. Ainsi, en naissant, Œdipe hérite non seulement des manques d'intégration de ses parents biologiques (et adoptifs), mais de toute la problématique de Thèbes depuis sa fondation.

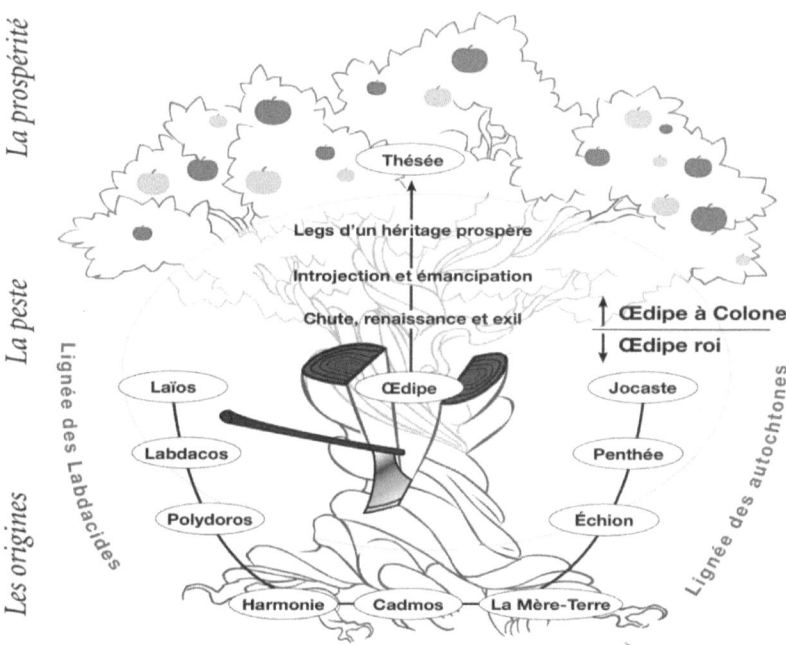

Depuis qu'Œdipe est devenu conscient de sa filiation, il n'a plus besoin d'en passer « pour de vrai » par l'inceste et le parricide. Il peut suivre le rite de passage traditionnel, celui d'une traversée de l'obscurité (aveuglement), dans des grottes par exemple, avec cette perte des repères de l'enfance jusqu'à en ressortir transformé, prêt à réintégrer la communauté. Pour avoir traversé la pire des épreuves,

Œdipe devient ensuite (*Œdipe à Colone*) un personnage sacré, dont la bénédiction est synonyme de grands bienfaits pour ceux qui l'obtiennent. Parce que Thésée fut le premier à accorder l'hospitalité à Œdipe, malgré sa terrible réputation, c'est à Thésée qu'Œdipe va léguer un secret qui garantira la prospérité. La filiation symbolique qui prend naissance entre eux est le fruit d'un profond respect et amour réciproque, restaurant ces liens du cœur qui avaient si cruellement manqués autour de la naissance d'Œdipe. Le récit qui avait commencé avec la peste à Thèbes, s'achève donc avec cette garantie de prospérité. Mais cette garantie est assortie d'une obligation de ne pas oublier l'histoire d'Œdipe, une recommandation qui correspond bien à l'esprit du culte des ancêtres observé dans les anciennes traditions.

L'enseignement de Sophocle

Le mythe d'Œdipe de Sophocle fonctionne comme un miroir qui renvoie l'image que l'on y projette. Mais si l'on prend la peine de suivre l'auteur, nous comprenons qu'il nous invite à dépasser le conflit d'origine pour retrouver une unité première, fertile. Avec la restauration de la vérité et l'intégration des histoires familiales, Sophocle propose une solution thérapeutique qui transcende les limites du matriarcat ainsi que celles du patriarcat. La levée du secret sur la véritable origine d'Œdipe est une condition à l'avènement du sujet en Œdipe. Le régime matriarcal, représenté par Jocaste et par sa tentative d'empêcher Œdipe de poursuivre sa quête de vérité, est dépassé par son besoin de s'émanciper de ce secret. De même, face au régime patriarcal, illustré par Laïos qui tente de lui barrer la route, Œdipe réussi à traverser l'épreuve. Or, ce sont précisément ces deux forces, patriarcales et matriarcales, qui bloquent l'enfant dans une position symboliquement incestueuse et parricide. Seule la naissance du sujet, son émancipation, peut garantir une émancipation du féminin matriciel sans perdre le rapport à l'être - ce qui est le problème de la solution patriarcale du refoulement du lien à la mère. Chez Œdipe, le développement du sujet prend la forme d'une véritable renaissance qui témoigne d'un changement d'état de conscience, du passage de l'ignorance de soi vers la connaissance de soi.

Conclusion

Depuis le changement de civilisation, un nouveau genre de conflit s'est développé auquel il est difficile d'échapper. La signification de certaines mœurs traditionnelles, tels les cultes des ancêtres, la mémoire et la transmission des histoires de familles, ont été perdues. Dans sa volonté de s'affranchir des abus du matriarcat, la nouvelle civilisation patriarcale c'est coupée de son rapport à l'être, du lien à la Mère-Terre, générant toutes sortes de nouvelles problématiques. Aujourd'hui celles-ci se retrouvent dans les dérèglements climatiques, la pollution des cours d'eau, la stérilité procréatrice et intellectuelle, l'instrumentalisation des ressources naturelles (brevet sur les semences, OMG, etc.), où les lois écrites par les hommes ne prennent plus en compte les lois non écrites de la nature et de la vie.

Notre civilisation de la raison a perdu cette conscience des lois transgénérationnelles. Comme Œdipe, nous sommes nombreux à porter en nous un manque d'intégration de nos origines, c'est même bien là ce qui caractérises nos sociétés modernes.

Visionnaire, Sophocle avait conscience des enjeux et des conséquences de ce changement de civilisation. S'appuyant sur la situation de crise à Athènes, frappée par la peste, il distille un enseignement et un modèle pour rétablir la paix et la prospérité. Il montre que dans la nouvelle civilisation, un peuple peut prendre pour chef (ou roi) une personne qui ne se connait pas mais qui sait faire de beaux discours (les Sophistes à l'époque de Sophocle). Cependant, parce qu'il ne se connait pas, parce qu'il n'a pas intégré ses origines et ses héritages transgénérationnels, ce chef est porteur d'un conflit qui se manifeste à l'extérieur par la peste[15]. Mais ce qui différencie Œdipe des autres leaders, c'est qu'il est décidé à s'engager dans une quête de vérité afin de rétablir la situation. Il découvre finalement que le problème était tapi au fond de lui, dans son ignorance de sa filiation.

Nous sommes tous concerné par ce conflit des civilisations et par ses conséquences, notamment l'oubli des lois transgénérationnelles. Il est temps de se pencher sur notre être blessé en nous, d'aller à sa source pour restaurer les liens avec les origines de la vie. Pour cela, l'enseignement de Sophocle est précieux. Et la redécouverte des phénomènes transgénérationnels dans les thérapies contemporaines aura apporté les éléments qui manquaient pour comprendre l'enseignement qu'il nous a laissé : un modèle de résolution d'un conflit qui oppose tradition et modernité depuis plus de deux millénaires.

---

[15] Dans *Sophocle thérapeute*, je montre que Sophocle faisait référence à la situation réelle de Périclès. Le chef incontesté d'Athènes depuis une trentaine d'année avait été accusé d'être responsable de l'épidémie de la peste à cause d'une malédiction familiale héritée de ses aïeux (comme Œdipe).

Si les problèmes extérieurs nous interpellent, c'est donc plutôt en enquêtant comme Œdipe que nous nous découvrons nous-même, comme source des problèmes qu'inconsciemment nous perpétuons en les projetant sur l'extérieur. Une découverte qui nous donne aussi la solution, puisque en apprenant à nous connaître nous développons notre potentiel guérisseur. Cette relecture du mythe d'Œdipe ouvre la porte à de nouvelles perspectives en psychologie des profondeurs, visant à la connaissance de soi et au dialogue entre ses mondes intérieurs et extérieurs. Si nous avons inconsciemment hérité du conflit entre les civilisations, et de ses conséquences (perte de la connaissance de soi, oubli et occultation de sa propre histoire familiale), l'histoire d'Œdipe nous montre comment transformer la situation. Avec ce héros garant de la prospérité de ses hôtes, Sophocle restaure l'essentiel de la fonction traditionnelle des chamans. Mais son mythe d'Œdipe est aussi un mythe pour les temps modernes, offrant un modèle universel pour ce que nous qualifions aujourd'hui de développement personnel et spirituel, l'histoire de celui qui apprend à se connaître et à connaître les dieux et l'univers.

Références bibliographiques

Abraham et Torok, (1978), *L'Ecorce et le noyau*, Flammarion, Paris.

Doods Eric, (1977), *Les Grecs et l'irrationnel*, Flammarion, Paris.

Dumas Didier, (1998), *La Bible et ses fantômes*, Desclée de Brouwer, Paris.

Gaillard Thierry (2020), *Intégrer ses héritages transgénérationnels*, Génésis éditions, Genève.

Gaillard Thierry (2020), *A propos de la métamorphose d'Œdipe en héros de Colone*, Génésis éditions, Genève.

Gaillard Thierry (2013), *Sophocle thérapeute. La guérison d'Œdipe à Colone,* Écodition, Genève.

Gaillard Thierry (2014), *L'autre Œdipe. De Freud à Sophocle*, Écodition, Genève.

Gaillard Thierry (2014), *L'intégration transgénérationnelle. Aliénations et connaissance de soi*, Écodition, Genève.

Gaillard Thierry et coll., (2014), *Exemples d'intégration transgénérationnelle*, Ecodition, Genève.

Gaillard Thierry et coll, (2015), *Le transgénérationnel dans la vie des célébrités*, Tome I et II, Ecodition, Genève.

Glotz, Gustav, (1931), *Histoires Grecques*, PUF, Genève.

Jung Carl Gustav, (1966), *Ma vie, souvenirs, rêves et pensées*, Gallimard, Paris.

Jung Carl Gustav, (1990), *L'Âme et le soi, renaissance et individuation*, Albin Michel, Paris.

C. Michael Smith, (2007), *Jung and Shamanism in Dialogue*, 2nd Edition, Trafford Publishing.

Watts Alan, (1966), *Le livre de la sagesse*, Denoël, Paris.

C. Michael Smith, (Mikkal) Ph.D, est un psychologue clinicien, analyste jungien, docteur en anthropologie médicale et chaman. Il dirige le *Crows Nest Centers for Shamanic Studies International*, (Michigan, USA) ainsi que des groupes de formateurs en France, Belgique, Afrique du Sud et Iquitos (Perou).

Il a étudié à l'Université de Chicago, au Séminaire Théologique de Chicago et à l'Institut C.-G. Jung de Chicago. À côté de sa pratique privée et clinique, il est auteur, conférencier d'honneur et responsable de stages dans le domaine de la psychologie jungienne et de la guérison chamanique. Membre du comité de lecture du Journal of Anthropoly of Consciousness, membre de nombreux comités de recherche au Graduate Institute, California Institute of Integral Studies, Argosy University, Andrews University et à l'Université de Chigaco. Il a été nommé membre enseignant du *Cercle de Sagesse de l'Union des Traditions Ancestrales* et a été élu membre du *Collège de Chamanisme ancestral* à Paris en 2014.

Son site Internet : http://crowsnestshamanism.com

VIII

Transmission et psycho-chamanisme

Interview[1] de C. Michael Smith

Traduit par Eva Morales

Question 1 : Expérience personnelle

Quelle était l'importance de votre relation à vos ancêtres dans votre parcours pour devenir un analyste jungien et chamane ?

Réponse : J'ai envie de dire que cela a été assez important, comme cela l'a toujours été pour les autochtones et les cultures chamaniques à travers le monde. Je suis métis Cherokee, ce qui signifie un sang mélangé. En cet instant précis je suis assis au milieu de l'Amazonie péruvienne, une région où la médecine chamanique (curanderismo) a une grande importance. Ici, la population métisse a aussi un sang mélangé entre les descendants espagnols et les différentes tribus indiennes de ces régions. En tant que

---

[1] Interview et vidéos réalisées par Th. Gaillard, à Iquitos au Pérou (octobre 2015).

métisses, nous devons toujours construire des ponts avec la culture dominante. Mais pour moi, ma filiation Cherokee par ma mère concernait plutôt l'origine et l'histoire des Cherokee : surtout à propos de leurs rencontres avec l'homme blanc et leur déportation, un véritable holocauste pour les Cherokee, ce genre d'histoires. Par exemple, « Tsalagi » est le nom d'origine des Cherokee, mais cette seconde dénomination est devenue plus courante. De ma mère j'ai reçu beaucoup d'enseignements concernant le respect de la Mère-Terre, sur la créativité de la nature et la nécessité d'en prendre soin. Ma mère m'a beaucoup appris sur les plantes, comment en prendre soin, ainsi que leurs différentes qualités curatives, exaltantes ou enracinantes et relaxantes. Ma mère et ma tante disposaient de nombreux remèdes populaires d'origine autochtone.

Plus tard, lorsque j'ai ressenti un appel vers la guérison chamanique (j'ai eu quelques expériences mystiques qui m'ont poussé dans cette direction) j'ai dû rechercher un maître pour m'aider à me guider. Je suis allé à différents endroits et j'ai trouvé un maître Ojibway, Tom Topash, qui m'a enseigné des cérémonies, telles que la hutte de sudation, la Roue de Médecine, la Pipe Sacrée, et qui m'a aidé à m'établir sur le chemin du cœur des tribus de l'Amérique du Nord. Mais j'ai aussi trouvé un maître Cherokee (Ai Ghvdi Waya), ou devrais-je dire que c'est elle qui m'a trouvé ? Au début c'est elle qui m'a trouvé et m'a invité dans un petit cercle avec d'autres analystes jungiens qui apprenaient des méthodes de guérison chamanique avec elle. Nous nous sommes rencontrés il y a plus de 20 ans maintenant et elle m'a beaucoup aidé. Ai Ghvdi Waya est issue d'une famille de nombreux guérisseurs Métis-Cherokee et même son frère est devenu un frère spirituel pour moi, ainsi nous nous retrouvons comme une famille. Puis plus tard, j'ai rencontré Don Alverto Taxo, un Quechua Taita Iachak d'Equateur. J'ai appris qu'il était issu d'une famille dont la mère était chamane. Elle lui avait enseigné la guérison à travers la conscience respectueuse de la nourriture, comment chaque repas devait être vécu comme une cérémonie pour son bien-être, et comment trouver la spiritualité à travers la nourriture. Don Alverto avait un grand-père Iachak qui lui a beaucoup enseigné sur les traditions des Iachak et leurs simples cérémonies pour manger, se laver, et sentir les éléments avec un cœur ouvert, d'exprimer la gratitude et de saluer chaque être que vous rencontrez, à chaque instant et à chaque endroit avec un cœur ouvert : « Tu Kuy Shungu-wan Kuyanimi ». Il s'agit d'un chemin du cœur d'Amérique du sud qui considère que toute vie est sacrée, et qui a de très simples cérémonies, tellement simples que tout le monde peut les faire. Mais elles sont profondes et elles apportent la base de l'énergie d'amour de la guérison et de la profondeur d'âme chamanique.

Lorsque son grand-père sentit que Don Alverto avait suffisamment de préparation, ils l'ont envoyé en Bolivie, au Pérou et finalement à Mexico City. À chaque endroit il reçut des initiations qui duraient une année ou deux et où il faisait des expériences qui s'éloignaient de sa famille, de sa culture, en apprenant la façon de faire d'autres personnes, ce qui l'aidait à garder son esprit ouvert et flexible. Ce qui m'intéresse ici c'est de commencer par ses propres racines, comme les racines d'un arbre, qui proviennent de vos propres origines ethniques et leurs principes chamaniques, suivi par des instructions pendant des cérémonies et des techniques de guérison, le tronc de l'arbre. Une fois que vous avec acquis tout cela, vous pouvez laisser pousser vos branches et enrichir vos connaissances indigènes avec les connaissances et expériences des autres cultures, aller voir comment ils pratiquent et étendre votre propre savoir chamanique.

Donc pour moi, alors que je n'avais pas accès à la richesse de toute cette sagesse vivante indigène, j'ai essayé de la trouver ou de la créer du mieux que je pouvais. Dans une quête de vision, s'agissant de regarder vers mon futur et de savoir comment j'allais pratiquer, je recherchais les opportunités aux Etats-Unis pour faire le travail que je voulais faire. Ce qui m'est venu, et ceci m'est venu lors d'une quête de vision, c'était la psychothérapie ; devenir un psychologue peut-être, me donnerait une place où je pourrais mettre mes propres compétences au service des autres. Ceci fût une partie de ma vision. Alors je suis allé me former à l'Université de Chicago, à l'Institut Jung de Chicago, à l'Institut de Théologique de Chicago, afin d'obtenir des diplômes reconnus dans ma culture aux Etats Unis. Ainsi j'ai créé une sorte de dialogue et de synthèse de la sagesse chamanique et de la psychologie des profondeurs moderne, et ainsi j'avais une façon de relier le chamanisme à la culture de l'homme blanc de la civilisation occidentale. Je vais dire que la psychologie des profondeurs a elle aussi une filiation, qu'elle possède une lignée dans la civilisation occidentale moderne, et que j'essaye de l'intégrer dans mes propres racines Cherokee et ma vocation chamanique.

Question 2 : Famille chamanique

Dans le contexte traditionnel, le chamanisme est souvent transmis à travers les générations. Pourquoi ? Est-ce que les occidentaux doivent rattraper quelque chose de plus s'ils veulent prendre ce chemin ?

Réponse : Comme ceux qui sont irrésistiblement appelé par l'esprit, les chamans tribaux viennent souvent d'une lignée familiale où ils ont grandi en observant leur mère qui était une guérisseuse ou leur père ou un oncle ou un grand-père qui étaient des guérisseurs. Ainsi ils ont grandi dans un monde où la guérison chamanique était omniprésente et comme tous les enfants ils étaient capables d'absorber et d'apprendre. Ils étaient à « l'école des chamans » depuis le premier jour, ce qui est bien-sûr un grand avantage d'apprendre tous les aspects et détails des pratiques chamaniques. Je dirais que l'occidental moderne qui se sent fortement appelé dans cette direction doit compenser ces manques et constituer une base d'expériences équivalente. Ils peuvent commencer par des stages et ils peuvent être appelés à aller dans la jungle et travailler avec les curanderos et à aller aux sommets des montagnes et travailler avec les Paqos ou à aller en Afrique, en Australie ou à n'importe quel endroit où ils peuvent encore trouver un système traditionnel en place. Mais finalement je trouve que dans la culture moderne occidentale nous devons travailler à développer notre propre système et de le transmettre de génération en génération, à travers les lignées familiales, ce n'est pas la seule manière de transmettre mais c'en est une très puissante. Apprendre le chamanisme de façon naturelle et de le voir appliqué dans la vie en l'observant de près nous donne un sens d'enracinement.

Un autre aspect de cette question est la vie du parent chamanique qui comporte aussi des faiblesses, ou la vie du grand-parent ou de l'oncle ou qui que ce soit. La sur-idéalisation n'est pas possible. L'admiration et le réalisme se côtoient, ce qui est important pour éviter les pièges du perfectionnisme. Dans le contexte des petits villages autochtones, tout le monde se connaît et les histoires concernant le chamane sont connues par toute la communauté. Par exemple ils savent si un curandero ou chamane local est un bon guérisseur et ils savent s'il aime trop les femmes, ou s'il boit trop (mais il est vraiment bon et attentionné), ce qui fait que l'enfant, un garçon ou une fille, qui grandit dans ce contexte familial a une chance d'apprendre de tout cela et peut-être qu'il apprendra à ne pas faire les mêmes erreurs. Une grande part de l'initiation est d'apprendre de la réalité, de voir ce qui se passe. Dans la civilisation occidentale, au contraire, nous sommes plus isolés et n'avons pas de communauté soudée. Dès lors les gens ne savent rien de leurs ancêtres immédiats ni de leurs secrets. Et ce que nous ignorons de nos parents et grands-parents, et de nos tantes et oncles, nous laisse avec des questions troublantes dans la famille qui peuvent se répéter encore et encore. Ce qui fait qu'il y a plus de travail pour nous, les chamans occidentaux, plus de choses à découvrir, en faisant notre propre travail intérieur du guérisseur blessé, avant de pouvoir rattraper nos homologues autochtones.

Question 3 : Aujourd'hui

Dans votre livre, *Jung and Shamanism in Dialogue*,[2] vous dites que le chamanisme s'est toujours adapté aux circonstances changeantes. Pouvez-vous en dire plus sur cette déclaration ?

---

[2] C. Michael Smith, (2007), *Jung and Shamanism in Dialogue*, 2nd Edition, Trafford Publishing.

Réponse : Oui, dans les sociétés traditionnelles, les cultures chamaniques se développent et changent tout le temps. Dans l'ancien temps, ils étaient des nomades, se déplaçaient dans la jungle, dans les plaines, dans les montagnes. Ils n'épuisaient pas les ressources d'une région mais ils vivaient dans un certain équilibre avec l'environnement et les ressources alimentaires. Ils avaient tendance à être de bons éco-psychologues.

Donc dans le fond, ils devaient changer tout le temps, et le changement de localité allait changer la mythologie, vous savez, cette sorte de carte de la réalité avec laquelle les gens vivent. Et donc si les choses changeaient, cela devait se refléter dans la mythologie directrice. Les gens qui font ces révisions étaient des visionnaires, des chamans et des anciens de la communauté. Ils devraient intégrer les changements qui arrivent, tant du point de vue géographique que climatique, et considérer comment cela doit être reflété dans la mythologie afin que les gens aient une cartographie qui se fasse le miroir de leur réalité courante et qui leur en donne un sens des possibilités et des principes du bien-être.

Dès lors, une des fonctions du chamane est celle, créative, de réécrire les mythes et de constamment faire évoluer l'arrière-fond conceptuel et imaginaire des gens afin qu'ils aient un ensemble de principes et d'images qui les guident, qui les aident à vivre et qui résonnent et s'articulent avec l'environnement dans lequel ils vivent actuellement.

Mais d'autres choses en dehors du changement climatique ou géographique peuvent arriver, il peut y avoir la guerre, des tragédies et des pertes, qui à nouveau mettent en avant-plan la nécessité de réécrire la mythologie et de l'ajouter aux histoires. Il semble que c'est ce que Sophocle a dû faire en réécrivant le mythe d'Œdipe pour aider ses contemporains à intégrer l'immense changement dû à la naissance de notre civilisation moderne à Athènes.

Comme cela se passe un peu partout de nos jours, il y a une collision entre la civilisation occidentale et le colonialisme avec le mode de vie « à cœur ouvert » et « honorant la terre » des autochtones. Donc vous pouvez trouver des chamans en Amazonie qui utilisent des téléphones portables et qui savent comment accéder à internet et ce genre de choses. Il y en a parmi eux que j'ai vu qui baptisent ces nouvelles technologies, les enfument avec le mapacho et les purifient et leur donnent la dignité d'un nom, puis ils les utilisent parce que cela infiltre le monde partout et cela ne va probablement pas s'arrêter ou changer. Mais comment intégrer cela à la mythologie par laquelle les gens vivent, qui soutient un mode de vie avec le cœur ouvert et honorant la terre ? C'est un grand défi. Parce que les choses changent tout le temps, nous avions des chamans auparavant qui gardaient leur esprit et leur système de croyance ouvert et assez fluide afin de pouvoir aider à guider la communauté d'une façon qui résonnait avec la réalité dans laquelle ils vivaient jour après jour.

J'ai dit plus haut que je suis un Métis Cherokee. Il y a une autre façon de dire, disons que je suis un guérisseur chamanique, je suis sur ce chemin, mais je dois aussi le faire dans des conditions de la culture moderne des Etats Unis, d'Europe, d'Afrique du Sud, des autres endroits où je travaille et enseigne. Il est important d'être chamanique et néanmoins de parler la langue de votre propre culture, afin de jeter un pont entre le monde chamanique et le monde moderne de la science, de la biologie, et dans mon cas de la psychologie des profondeurs. C'est une chose en laquelle les gens croient et ils vont chez le psychothérapeute pour résoudre leurs problèmes. Ceci est un « endroit » dans lequel je travaille, ainsi j'ai un « endroit », un « lieu social » validé où je peux pratiquer et ceci est ma pratique de psychothérapie et d'analyste. Mais en même temps j'ai la tâche de promouvoir le chamanisme en dialoguant, intégrant, synthétisant le chamanisme avec la psychothérapie. De cette manière, quand les gens ont des expériences chamaniques en allant dans la jungle ou dans les hautes Andes ou en Afrique centrale, où qu'ils aillent, pour recevoir des enseignements et des expériences indigènes, ils peuvent ramener cela dans leur propre culture afin de vraiment l'intégrer et de l'implémenter pour pouvoir ensuite le transmettre à d'autres d'une façon reconnue par la culture locale.

À la fin, ce dialogue entre la psychologie et le chamanisme nous emmène vers un enrichissement mutuel. Cela aide à enrichir le chamanisme traditionnel et à donner des nouveaux outils de compréhension dans le contexte indigène, dans le contexte Mestizo. Je constate comment les concepts de l'inconscient et du transfert ont enrichi les connaissances des chamans en Amazonie alors qu'ils travaillaient avec des chercheurs occidentaux.

Les chamans, spécialement les curanderos mestizo, apprennent le langage des systèmes de guérison occidentaux afin de mieux aider leurs clients occidentaux, et en leur donnant des nouvelles perspectives de leur propre travail. En même temps, le guérisseur chamanique occidental moderne approfondit et étend le pouvoir de la psychothérapie pour réellement aider les gens à guérir de leurs traumatismes. La sagesse ancienne vient s'introduire dans la psychothérapie afin d'y apporter un vrai pouvoir ontologique au-delà de la simple technique. La vie et le travail de Carl Gustav Jung, comme je l'ai documenté minutieusement, partage complètement cette perspective de développement. Cela m'a donné la fondation conceptuelle à partir de laquelle j'ai pu faire des ponts entre les différentes cultures. Cela offre une mythologie occidentale qui laisse de la place pour la sagesse chamanique.

Question 4 : Adaptation possible du chamanisme

Vous fournissez un enseignement de psycho-chamanisme. Est-ce une forme de chamanisme moderne ? Est-ce que cela signifie que vous prenez une distance par rapport au chamanisme originel ?

Réponse : Le psycho-chamanisme est un mot que j'utilise pour décrire la façon dont j'ai jeté un pont entre les méthodes de guérison modernes occidentales qui émanent de la psychothérapie, en particulier de la psychologie jungienne et celle des profondeurs, avec celles du chamanisme indigène plus ancien que j'ai étudié et développé à ma propre manière, en tant que guérisseur. J'ai évolué au-delà du dialogue théorique entre la psychologie jungienne et le chamanisme, vers une synthèse. En pratique, durant presque quatre décennies, pour moi c'est devenu assez transparent et unifié. Mais je reconnais que je dois créer des ponts pour mes clients occidentaux.

Le fait est que la plupart de mes clients et étudiants sont de civilisations occidentales, Europe, Afrique du Sud, Etats-Unis. Ainsi une partie de leur mythologie est la science, la médecine, la psychologie des profondeurs, la psychologie clinique et ce genre de choses. À cet égard je suis un « faiseur de liens », ou de ponts, tels que l'ont toujours été les chamans métis (sang mélangé). Nous ne sommes pas dans une culture en excluant une autre, nous devons relier les cultures, les deux points de vue, pour ainsi dire, savoir ce qui se passe dans la culture de l'autre.

Nous pourrions dire que le psycho-chamanisme est une synthèse de deux différentes sortes de mythologies, avec le respect de vivre bien et de prendre soin de la planète et de guérir avec une puissance profonde. La guérison psycho-chamanique est tout cela réuni. D'un autre point de vue, n'importe quelle guérison qui n'inclut pas le pouvoir de l'amour, d'une façon de vire à cœur ouvert et honorant la terre, de la communauté, de l'ascendance serait incongrue avec la réalité. Le psycho-chamanisme c'est la véritable guérison, c'est d'accepter les aspects universels de la réalité, d'accepter ce qui est tout en restant assez ouvert et centré pour être directif et libre en même temps.

Est-ce que cela m'éloigne du chamanisme traditionnel originel ? Oui c'est bien le cas, mais comme nous l'avons dit, tout est en mouvement, changeant et évoluant. Cela n'a jamais été l'affaire du chamanisme de juste répéter le passé. Le chamanisme, dans son aspect visionnaire, doit toujours réinterpréter de façon créative le passé à travers des chemins qui illuminent le présent en nous aidant à nous adapter à ce qui s'annonce dans le futur, et en l'intégrant dans une vie à cœur ouvert et honorant la terre. Donc je pense que je suis en train de perpétrer ce que les guérisseurs chamaniques et les anciens ont toujours fait, je réécris de manière créative les mythologies de ma culture en tant que personne moderne, et en même temps je contribue aux mondes chamaniques indigènes et à leurs pratiques, en apportant quelques outils qui nous aident à comprendre ce monde et d'en faire usage d'une façon qui sera enracinée et solide dans nos propres cultures.

Il n'y a pas de sens à aller en Amazonie péruvienne pour des cérémonies d'Ayahuasca ou d'aller dans les hautes Andes pour prendre du San Pedro si vous ne pouvez pas faire usage de cette expérience dans le monde dans lequel vous vivez. Donc voilà, le psycho-chamanisme c'est en partie cela et mon livre Jung and chamanisme in dialogue en rend compte. En Amazonie, mes pratiques sont des retraites et stages appelés « Jung et le chamanisme en synthèse ».

Question 5 : Guérir l'âme ou supprimer les symptômes ?

La science et l'épigénétique ont prouvé que les traumatismes se sont transmis à travers les générations. Le chamanisme dispose déjà d'outils pour guérir ces problèmes. Pensez-vous qu'un traitement médical fera un meilleur travail ? Pourquoi ?

Réponse : Récemment dans la science médicale il y a eu des découvertes que les épigènes eux-mêmes peuvent être transmis ainsi que la façon dont ils enclenchent ou déclenchent une séquence de gènes, ou un segment. Mais les épigènes chevauchent la chromatine et bloquent l'expression de certaines portions d'un segment de l'ADN qui pourrait en fait promouvoir une expression saine dans votre vie. Mais quand cela est arrêté il y a une prédisposition à un type de dysfonctionnement. Et une grande partie de ce qui a été découvert dans la recherche épigénétique montre que les changements d'attitude, les changements de conscience, peuvent créer des changements sur le plan psychologique et sur le plan biologique.

Peut-être que cela correspond avec ce qui est connu dans le domaine de l'hypnose clinique comme effet placebo, le pouvoir de la conscience d'agir par suggestions, ou intentionnellement, sur les gênes et de changer ce qui s'y passe, ce qui s'exprime à ce niveau-là.

Donc la question est, est-ce que je pense qu'un traitement médical fera un meilleur travail et si oui pourquoi ? Et je ne connais pas vraiment la réponse à cela, mais je ne pense pas que la solution soit d'aller simplement au niveau génétique ou épigénétique et d'y opérer des changements de façon mécanique pour la personne, en ne tenant pas compte de la conscience de l'être qui est dans ce corps, qui a cet ADN et ces épigènes. Quelque chose se perd si nous ne savons pas comment nous changer nous-mêmes, si nous ne savons pas comment nous guérir nous-mêmes, transformer notre conscience de façon à avoir des corps plus sains, même au niveau de l'épigénétique, même au niveau de l'ADN.

Donc je pense que le vieux système Newtonien/cartésien, qui est toujours en vie dans la médecine, croit que d'extraire mécaniquement quelque chose sera le bon traitement. Mais de mon propre point de vue chamanique, je pense que vous ne pouvez pas ignorer la personne qui a ce traumatisme. Elle devrait devenir plus consciente. Elle devrait prendre une part active dans sa guérison.

Question 6 : Transmission

La transmission à travers les générations est minimalisée dans la culture occidentale, mais elle était très importante dans les cultures traditionnelles. À quel point pensez-vous que l'intégration transgénérationnelle peut aider les gens à s'enraciner et à finalement retrouver plus d'équilibre dans leur vie ?

Réponse : Par transmission je veux dire qu'il s'agit de transmettre du savoir ou des principes ou des techniques utiles et de les remettre aux nouvelles générations. Chaque culture fait ceci d'une façon ou d'une autre.

Dans la culture occidentale moderne, il y a beaucoup de transmissions impersonnelles, données de façon académique, ou à travers la science, à travers des journaux, à travers des rapports et bien-sûr nous avons beaucoup sur Internet etc. Mais ce genre de transmission qui diffuse des données ou des informations est assez impersonnel.

Dans les cultures indigènes, le genre de transmission qui a cours est beaucoup plus vivant et holistique, et ça passe à travers des contes et par le partage d'événements personnels qu'ont vécu les gens qui racontent les histoires. Les codes éthiques sont représentés dans des rituels de puberté, pendant lesquels des psychodrames sont rejoués sous les yeux des jeunes hommes et femmes, expliquant comment ils ou elles devraient vivre et ce qu'ils ou elles ne devraient pas faire. La communication se fait à travers des histoires et c'est à travers elles, dans un contexte rituel, - même dans une relation personnelle -, qu'autant de sagesse peut être transmise.

Ce n'est pas seulement l'aspect verbal mais aussi l'aspect non-verbal des choses transmises qui est important. Par exemple, en Equateur le concept de devenir un ancêtre, un bon ancêtre, est un des grands buts dans la vie. Vous ne pouvez apprendre à le faire à l'aide d'un livre, il ne s'agit pas de laisser un bon livre derrière soi, et il ne s'agit pas non plus de laisser une histoire derrière soi dans le sens habituel. Mais il s'agit de laisser tellement d'amour, de gentillesse et de respect, que cela enveloppe le cœur de vos enfants et petits-enfants. Et une génération après l'autre transmet cette énergie d'amour. Ceci est une façon d'être dans le monde avec le cœur ouvert, honorant la terre et respectueux. Alors oui, nous avons besoin de ça, et cela manque tristement dans la plupart des civilisations occidentales. Je pense que nous en avons besoin afin de vivre de façon plus harmonieuse entre nous et avec la Mère-Terre. Je mourrai heureux en sachant que mes enfants, mes étudiants, ont reçu dans leur cœur le meilleur amour que je puisse leur donner. S'ils ont cela, je sais qu'ils vont le transmettre.